河南省高速公路养护技术系列丛书

高速公路
T形梁桥体外预应力加固设计及监测预警系统技术

张　浩　郝孟辉　韩永超　**主　编**

袁冻雷　刘东旭　戴本良　**主　审**

人民交通出版社

北　京

内 容 提 要

本书共分为7章,第1章介绍了T形梁桥的结构特点、常见病害及其成因,并综述了国内外桥梁加固技术的发展历程,为后续章节奠定了基础;第2章重点讲解了T形梁桥体外预应力加固设计的原理,包括预应力布置形式、损失分析和应力计算等核心内容;第3章详细介绍了桥梁健康监测的传感器布置、数据采集与分析方法,以及结合数字孪生技术的应用前景;第4章系统阐述了桥梁监测系统从架构设计到部署实施的全过程,并提出了日常运维的要点;第5章全面探讨了预警系统的设计框架,深入阐述了加固索索力变化预警模型与桥梁挠度变化预警模型的具体构建过程;第6章以连霍高速三门峡段枣乡河特大桥工程实践为例,展示了T形梁桥体外预应力加固技术和监测预警系统在实际工程中的应用效果;第7章总结了本书的研究成果,指出现有工作中的不足,并对未来的发展方向进行了展望。本书行文简洁,论述简明精炼,内容丰富,图文并茂,理论与实际紧密结合,实用性强。

本书可供从事相关专业教学、科研工作者和工程技术人员参考。

图书在版编目(CIP)数据

高速公路 T 形梁桥体外预应力加固设计及监测预警系统技术 / 张浩, 郝孟辉, 韩永超主编. — 北京 : 人民交通出版社股份有限公司, 2025. 6. — ISBN 978-7-114-20441-8

Ⅰ. U448. 21

中国国家版本馆 CIP 数据核字第 2025ZL5686 号

Gaosu Gonglu T Xing Liangqiao Tiwai Yuyingli Jiagu Sheji ji Jiance Yujing Xitong Jishu

书　　名:	高速公路 **T** 形梁桥体外预应力加固设计及监测预警系统技术
著 作 者:	张　浩　郝孟辉　韩永超
责任编辑:	陈虹宇
责任校对:	赵媛媛
责任印制:	张　凯
出版发行:	人民交通出版社
地　　址:	(100011)北京市朝阳区安定门外外馆斜街3号
网　　址:	http://www.ccpcl.com.cn
销售电话:	(010)85285580
总 经 销:	人民交通出版社发行部
经　　销:	各地新华书店
印　　刷:	北京建宏印刷有限公司
开　　本:	787×1092　1/16
印　　张:	8.5
字　　数:	202千
版　　次:	2025年6月　第1版
印　　次:	2025年6月　第1次印刷
书　　号:	ISBN 978-7-114-20441-8
定　　价:	50.00元

(有印刷、装订质量问题的图书,由本社负责调换)

本书编审委员会

主　　编：张　浩　　郝孟辉　　韩永超

副 主 编：杨朝旭　　张鸿志　　杨　磊

参编人员：朱战伟　　高　博　　郝惠玲　　陈克朋　　乔　杨

　　　　　付明珠　　杨建锋　　董留振　　徐　宁　　张丙炎

　　　　　祁　凯　　张颖达　　钟　娟　　赵谙笛　　王一飞

　　　　　韩小冬

主　　审：袁冻雷　　刘东旭　　戴本良

总　序
GENERAL FOREWORD

在交通强国战略深入推进的时代背景下,高速公路作为国家综合立体交通网的主骨架,其安全、高效运行对于保障国民经济发展、促进区域协同以及提升社会民生福祉具有至关重要的意义。河南省,地处中原,是全国重要的交通枢纽,高速公路网络纵横交错,在连接南北、贯通东西的交通运输格局中扮演着关键角色。然而,随着交通流量的持续增长、重载交通的频繁作用以及自然环境的不断侵蚀,河南省高速公路面临着诸多养护难题与挑战。

河南省中工设计研究院股份有限公司工程养护团队精心编写的这套河南省高速公路养护技术系列丛书,犹如一场及时雨,为河南省乃至全国高速公路养护事业带来了全新的思路与方法。丛书涵盖高速公路路基应急养护专项工程设计、T形梁桥体外预应力加固设计与监测预警技术、高性能薄层罩面技术、交通安全设施改造技术、沥青路面养护施工技术与工艺等多个关键领域,是对高速公路养护技术的一次全面且深入的系统总结与创新探索。

在高速公路路基应急养护专项养护设计方面,丛书针对突发灾害及病害,提出了科学、高效的应急养护设计理念与方法。这些内容基于大量实际案例与研究成果,能够在灾害发生时迅速响应,为保障道路通行能力、减少经济损失提供坚实的技术支撑,有效提升了高速公路应对突发事件的能力。

T形梁桥体外预应力加固设计与监测预警技术的相关内容,聚焦桥梁结构安全,通过创新的加固设计方案与先进的监测预警技术,实现了对桥梁健康状况的实时监测与精准评估。这不仅延长了桥梁使用寿命,更极大地提高了桥梁在复杂交通环境下的安全性与可靠性,为交通运输安全筑牢了关键防线。

高性能薄层罩面技术、沥青路面养护施工技术与工艺的阐述,紧密结合材料科学与工程实践,在提升路面使用性能、延长路面使用寿命的同时,有效降低了养护成本,提高了养护效率。这些技术的推广与应用,对于实现高速公路养护的可持续发展具有重要意义。

交通安全设施改造技术的研究成果,充分考虑了交通安全的重要性。通过对交通标志、标线、护栏等设施的优化设计与改造,能够显著提高道路交通安全水平,减少交通事故的发生,为广大司乘人员的生命财产安全提供有力保障。

这套系列丛书的出版,不仅是课题组多年来在高速公路养护领域辛勤耕耘、潜心研究的智慧结晶,更是为行业提供了一套具有重要参考价值和实践指导意义的技术宝典。它凝聚了众多专家学者和一线技术人员的心血,反映了当前高速公路养护技术的前沿水平,对于推动我国高速公路养护技术的进步与发展,培养专业技术人才,具有不可估量的价值。

希望这套丛书能够成为广大交通领域科研人员、工程技术人员以及相关专业师生的良师益友,为我国高速公路养护事业的发展注入新的活力,助力我国交通强国建设迈向新的高度。相信在这套丛书的启发与引导下,将会有更多的科研成果与实践经验不断涌现,共同推动我国高速公路养护技术迈向更高水平,为国家交通事业的繁荣发展作出更大的贡献。

2025年4月

前 言
PREFACE

随着经济的快速发展和交通量的日益增长,桥梁作为重要的交通基础设施,其安全性、耐久性和服务性能受到了严峻挑战。桥梁的安全与稳定直接影响着交通运输的畅通和人民的生命与财产安全。在我国,T形梁桥因其经济性和结构性能良好已被广泛应用于公路和铁路桥梁建设。然而,随着交通量的不断增加和桥梁服役年限的增长,不少桥梁面临病害频发、承载力不足的问题,亟须通过加固技术延长其使用寿命。同时,随着监测技术的发展,实时掌握桥梁的运行状态得以实现,这为桥梁运维和安全管理提供了更科学的手段。对T形梁桥进行有效的加固和健康监测,对于保障道路交通安全、延长桥梁使用寿命具有重要意义。

在国外,体外预应力加固技术和桥梁健康监测系统得到了广泛的应用和发展。例如,美国的准将约翰·巴里桥(Commodore Barry Bridge)安装了集低速应变计、高速应变计、摄像机于一体的集成监测系统,加拿大联邦大桥(Confederation Bridge)重点针对环境侵蚀作用安装了健康监测系统,挪威在主跨径为530m的斯堪桑德大桥(Skarnsundetbru)斜拉桥上安装了监测系统。这些监测系统通过对桥梁的关键参数进行实时监测,为桥梁的维护和管理提供了重要的数据支持。

在国内,随着桥梁建设技术的不断进步,桥梁健康监测技术也得到了迅速发展。G20西流高架桥采用了预应力碳纤维板与体外束组合加固方案,并应用了桥梁加固和监测技术;德州武城大桥、滨州城头桥、京沪高速泰安段下水泉立交桥等桥梁采用了体外预应力加固技术;长沙理工大学土木工程学院提出采用增大截面和体外预应力相结合的组合加固方法,通过有限元方法进行仿真分析,验证了该方法的可行性。这些案例表明,体外预应力加固及监测技术在我国桥梁加固实践中得到了有效应用,并取得了良好的效果。

本书编写团队结合多年的研究成果和工程实践经验,对T形梁桥体外预应力加固技术进行了深入的探讨,同时,对监测预警系统的设计与应用进行了详尽的分析。本书旨在为桥梁工程技术人员提供一本全面、系统的参考书,内容涵盖T形梁桥体外预应力加固的设计理论、施工技术以及监测预警系统的构建与实施。

本书由河南省中工设计研究院集团股份有限公司公路养护团队编著,并得到河南交通投资集团的大力支持,提供大量数据、图片,编制人员均为多年在一线从事桥梁结构设计与桥梁健康监测设计工作的工程师。本书共分为7章,第1章介绍了T形梁桥的结构特点、常见病害及其成因,并综述了国内外桥梁加固技术的发展历程,为后续章节奠定了基础;第2章重点讲解了T形梁桥体外预应力加固设计的原理,包括预应力布置形式、损失分析和应力计算等核心内容;第3章详细介绍了桥梁健康监测的传感器布置、数据采集与分析方法,以及结合数字孪生技术的应用前景;第4章系统阐述了桥梁监测系统从架构设计到部署实施的全过程,并提出了日常运维的要点;第5章全面探讨了预警系统的设计框架,深入阐述了加固索索力变化预警模型与桥梁挠度变化预警模型的具体构建过程;第6章以连霍高速三门峡段枣乡河特大桥工程实践为例,展示了T形梁桥体外预应力加固技术和监测预警系统在实际工程中的应用效果;第7章总结了本书的研究成果,指出现有工作中的不足,并对未来的发展方向进行了展望。

本书由河南省中工设计研究院集团股份有限公司公路养护团队编著,编写人员均为多年在一线从事桥梁结构设计与桥梁健康监测设计的工程师。河南交通投资集团有限公司为本书的编写给予了大力支持,提供了大量的数据和图片,在此一并表示感谢。

我们希望本书能为桥梁工程领域的专业人士、研究学者以及学生提供有益的参考和启发,共同推动桥梁加固工程技术的进步与发展。在此,我们要感谢所有参与本书编写、审校和出版工作的同仁,他们的辛勤工作和专业精神保证了本书的质量和完整性。同时,我们要向那些在桥梁工程领域默默奉献的工程师、技术人员和研究人员致敬!正是他们的不懈努力,推动了桥梁技术的发展和创新。

由于编者水平有限,书中难免有不足之处,诚挚地希望广大读者提出宝贵的意见和建议,以便我们不断改进和完善。

编 者
2024年12月

目　录
CONTENTS

第1章

概述

1.1 T形梁桥概述

1.1.1 T形梁桥简介

T形梁桥是一种以T形梁为主要承重构件的桥梁结构形式,应用广泛。T形梁桥由两侧突出的翼缘板和中间腹板组成,其横断面形状类似英文字母"T",因此得名。T形梁是通过优化矩形梁的结构而来的,去除矩形梁中对抗弯强度不起作用的受拉区混凝土,既节约了材料,又减轻了构件的自重,还保持了原有的抗弯强度。

T形梁桥的受力特点主要体现在其梁体的抗弯、抗剪和抗扭性能上。在T形梁的截面设计中,翼缘板和腹板共同承担荷载产生的弯矩。其中,翼缘板因截面模量较大而成为主要的抗弯构件。腹板则主要承担剪力,并通过与翼缘板有效连接,共同形成截面的整体抗弯能力。此外,腹板还具备一定的抗扭刚度,有助于提高桥梁在横向荷载作用下的稳定性。

T形梁桥在中国的工程应用最早可以追溯至20世纪60年代。当时为了满足快速发展的交通需求和基础设施建设,中国工程技术人员在借鉴苏联等国外先进经验的基础上,结合本国实际情况,开始了T形梁桥的研发与建造。进入20世纪80年代,随着中国经济的快速发展和基础设施建设需求的日益增长,T形梁桥的建设进入了黄金时期,在大量的高速公路和城市桥梁建设项目中,T形梁桥因其良好的力学性能和经济效益,成为常用的桥跨结构形式之一。进入21世纪后,随着我国高速公路和高铁网络的快速发展,跨河、跨谷等复杂地理环境对于T形梁桥的需求日益增加,设计师们开始探索更为高效、轻量化和环保的T形梁桥设计方案;同时,针对T形梁桥的长期性能、耐久性及安全性等开展了大量深入研究,以确保桥梁在恶劣环境下能够保持良好的运行状态。

1.1.2　T形梁桥病害概述

随着交通运输行业的迅猛发展,交通流量持续攀升,车辆荷载不断增大。与此同时,桥梁在长期运营过程中,承载能力会随着使用年限的增加而逐年下降。特别是早期修建的桥梁,由于当时设计标准较低,其承载能力已难以满足当前交通发展的需求。此外,随着服役时间的增长,若桥梁养护不及时,便会不可避免地出现一系列病害。这些病害将导致桥梁承载能力进一步降低,使其沦为病桥、危桥,严重情况下甚至可能引发桥梁垮塌事故。

另外,就T形梁的受力特点而言,其结构形式相当于移除了矩形梁中对抗弯强度贡献较小的受拉区混凝土,因此其刚度相对较弱,易发生多种病害,主要表现为结构变形和开裂。当主梁的刚度不足以抵抗交通荷载和环境影响时,梁体可能出现下挠、侧弯或扭曲现象。这类变形不仅影响桥梁的外观和功能,还可能导致桥梁结构性能进一步退化。随着时间的推移,主梁的过度挠曲可能导致马蹄底部或腹板出现裂缝,这些裂缝可能从表面向深层发展,甚至贯穿整个梁体。裂缝的出现会显著削弱梁体的抗弯能力,导致结构脆弱化,严重时可能导致结构失稳。同时,由于主梁刚度不足,连接部位易受到应力集中的影响,出现焊缝开裂、螺栓松动或连接件损坏等问题。这些连接部件的损坏会进一步削弱梁体的整体性和稳定性。此外,主梁刚度不足还可能导致支座受力不均,引发支座的早期损坏,影响桥梁的承载能力和使用寿命。在温度变化或风荷载作用下,桥梁也可能出现较大振动,导致梁体疲劳损伤,加速结构老化。

T形梁典型病害包括:腹板竖向裂缝、斜向裂缝,马蹄底部横向裂缝、纵向裂缝,翼缘板纵向裂缝、斜向裂缝,局部混凝土剥落、露筋,干接缝处混凝土破损、渗水泛碱,横隔板断裂,横隔板裂缝,桥面龟裂、坑槽、部分位置唧泥,如图1-1～图1-8所示。

a)

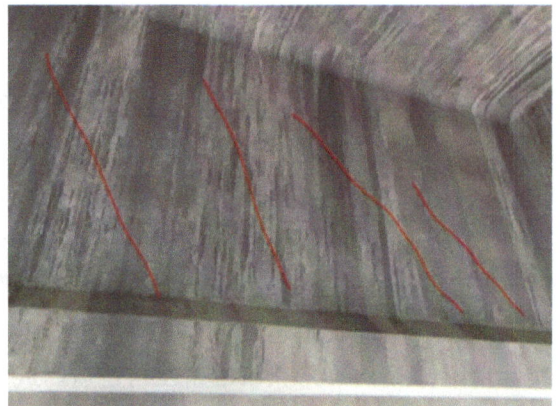

b)

图1-1　腹板竖向裂缝、斜向裂缝

a)

b)

图1-2　马蹄底部横向裂缝、纵向裂缝

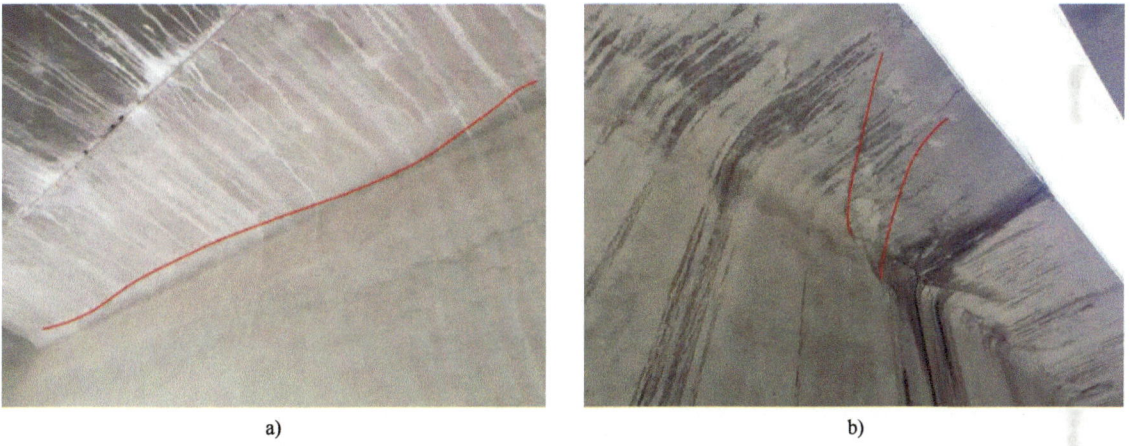

a)

b)

图1-3　翼缘板纵向裂缝、斜向裂缝

a)

b)

图1-4　局部混凝土剥落、露筋

003

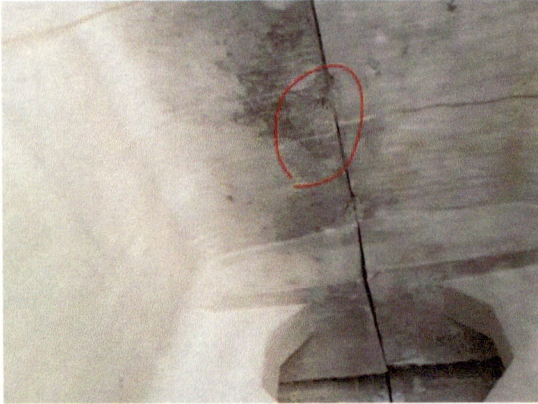

a)   b)

图1-5　干接缝处混凝土破损、渗水泛碱

a)   b)

图1-6　横隔板断裂

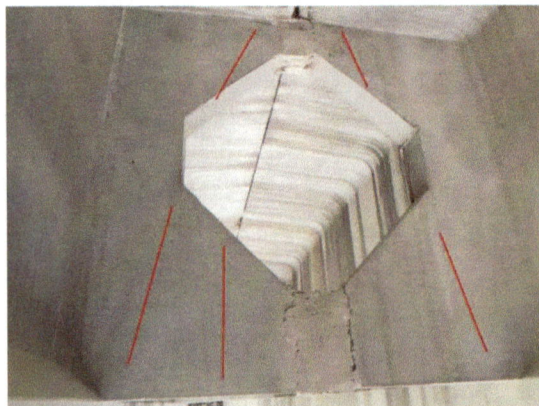
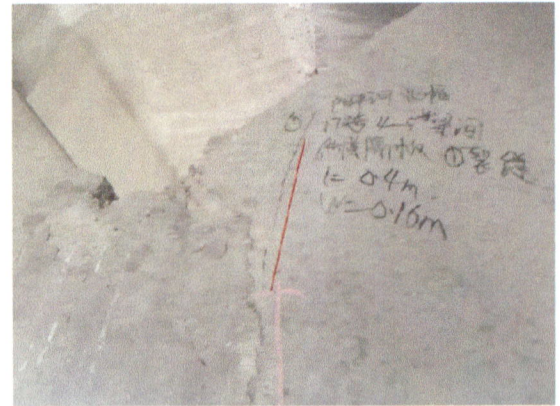

a)   b)

图1-7　横隔板裂缝

图1-8 桥面龟裂、坑槽、部分位置唧泥

T形梁桥作为桥梁工程中的重要结构形式,其多种病害不仅影响桥梁的使用性能,更对交通安全构成潜在威胁。深入探究这些病害的成因,可发现其背后涉及复杂的历史与社会经济因素。以下是T形梁桥病害的主要成因:

(1)重载交通的快速发展与影响。随着我国经济社会的快速发展,交通运输需求日益增大,车型种类不断丰富,车辆荷载不断攀升。这一趋势对原有桥梁结构提出了严峻挑战,尤其是那些设计年代较早、承载能力有限的T形梁桥。重载交通的长期作用导致桥梁结构逐渐疲劳,加速了病害的产生和发展。

(2)T形梁横向联系设计与施工缺陷。T形梁桥的横向联系是保证其结构稳定的重要组成部分。然而,在实际工程中,由于理念局限、施工技术不足或材料选用不当等因素,T形梁的横向联系往往存在缺陷。例如,翼缘板采用干接缝连接时,若密封不严或施工质量不佳,容易导致渗水问题;横隔板通过钢板焊接连接时,焊接质量不达标或长期运营后的疲劳损伤也会导致钢板断裂和横隔板错位。这些问题不仅削弱了桥梁的横向整体性,还容易引发桥面反射裂缝、坑槽等病害,严重时产生结构受力裂缝,甚至导致单板受力。

(3)预应力损失与长期疲劳效应。T形梁桥在设计中通常采用预应力技术来提高其承载能力。然而,在重载作用下,梁体长期处于大挠度振动状态,导致预应力钢筋和混凝土材料产生疲劳损伤。这种疲劳损伤不仅会降低预应力钢筋的抗拉性能,还会引发混凝土的开裂和剥落。随着时间的推移,预应力损失逐渐累积,最终导致主梁承载能力下降,梁体挠度增大,进一步加剧病害的发展。

(4)新旧规范差异与承载能力不匹配。随着桥梁设计规范的不断更新和完善,新旧T形梁桥在设计理念、结构尺寸、钢筋配置和材料选用等方面存在显著差异。早期建设的桥梁普遍存在设计荷载等级较低、结构尺寸偏小、普通钢筋配置较少、钢束数量相对较少等问题,导致其承载能力难以满足现代交通需求。同时,老桥的50m T形梁多为简支结构,虽桥面铺装连续但连续端未配置负弯矩钢束,使得在荷载作用下T形梁的跨中弯矩较大,不利于主梁承受荷载,从而加剧了结构受力裂缝的产生。

(5)结构尺寸与钢筋配置的局限性。T形梁桥的结构尺寸和钢筋配置对其承载能力具有重要影响。然而,在实际工程中,由于设计或施工方面的限制,T形梁的结构尺寸往往偏小,箍筋配置较少。这导致 T 形梁的承载能力相对较低,难以满足现代交通需求。同时,梁端钢筋锈蚀和翼缘板钢筋保护层厚度不足等问题也容易导致混凝土的开裂与剥落,进一步加剧病害的发展。

(6)混凝土破损与露筋问题的复杂性。T 形梁桥的混凝土破损和露筋问题主要出现在边梁的翼缘板、腹板、马蹄等部位。这些部位由于受力复杂、施工质量不易保证或保护措施不足等原因,容易受到水侵蚀、冻融循环等环境因素的影响。此外,旧 T 形梁桥因未设置滴水槽或滴水槽设置不合理易导致边梁受水侵蚀。这些因素的耦合效应导致了混凝土破损和露筋问题的产生与发展。

为了有效防治病害,我们需要从多个角度出发,采取有针对性的措施来提高 T 形梁桥的耐久性和安全性。

1.2 桥梁加固技术概述

1.2.1 桥梁加固技术背景

美国联邦公路局(FHWA)1989 年的统计数据显示:全美 57.8 万座桥梁中有 41% 的桥梁存在结构缺陷。其中,13 万座公路桥梁的可通行车辆载重受限;5000 座桥梁已被封闭,不能使用;平均每年有 150~200 座桥梁部分甚至全部遭受破坏,美国每年的桥梁投资中用于更新维修的经费达 90%,仅 10% 用于新建。最新的桥梁管理统计数据显示,桥龄为 30~50 年的德国公路桥梁,上部结构至少有一处中等损伤的桥梁占比为 13%。在欧洲,存在各类病害的钢筋混凝土、预应力混凝土桥梁多达 83.8 万座。在日本,约有 5500 座公路桥梁承载能力不足,其中混凝土桥 4500 座,占比为 85%。

交通运输部发布的《2023 年度干线公路桥梁运行报告蓝皮书》统计数据显示:截至 2023 年底,我国共有干线公路(高速公路、普通国省道)桥梁 547122 座、7828.56 万延米。其中,高速公路桥梁 368727 座,普通国省道桥梁 178395 座。我国干线公路桥梁技术状况水平总体良好。2023 年度,干线公路桥梁中一类桥梁 184938 座,占干线公路桥梁总数的 33.80%;二类桥梁 339714 座,占干线公路桥梁总数的 62.09%;三类桥梁 10042 座,占干线公路桥梁总数的 1.83%;四类桥梁 1347 座,占干线公路桥梁总数的 0.25%;五类桥梁 202 座,占干线公路桥梁总数的 0.04%;未评定桥梁 10879 座(主要为当年新建桥梁),占干线公路桥梁总数的 1.99%。

截至 2024 年底,中国已建成公路桥梁 110.81 万座,是全球桥梁数量最多的国家。随着国家经济的迅猛发展和交通运输需求的持续高涨,桥梁的使用频率和承载负荷不断加剧,致使部分桥梁逐渐显现出不同程度的病害。这些病害不仅妨碍了桥梁正常功能的发挥,还对交通安全构成潜在威胁。因此,对受损桥梁进行加固改造,恢复并提升其承载力和耐久性已成为一项亟待解决的重要任务。实施桥梁加固工程,不仅能够显著延长桥梁的使用寿命,减少维护成本,还能有效防范桥梁垮塌等安全事故,从而避免人员伤亡和财产损失。

基于上述背景,我国制定了一系列桥梁安全与质量管理方面的政策和指导意见,旨在提升国家公路桥梁的安全耐久水平,确保人民群众的生命和财产安全。例如,《交通运输部关于进一步提升公路桥梁安全耐久水平的意见》等政策性文件都强调了桥梁全生命周期的安全管理，指出了明确的工作目标和实施路径；《混凝土结构加固设计规范》(GB 50367—2013)、《公路桥梁加固设计规范》(JTG/T J22—2008)等规范为桥梁加固工程提供了规范和指导，也为相关技术研究和材料开发指明了方向，推动着桥梁加固工程的技术创新。

1.2.2 桥梁加固技术的发展

桥梁病害的广泛性和复杂性是推动T形梁桥加固技术发展的关键因素。众多桥梁因设计缺陷、施工质量问题或运营过程中的损耗，普遍遭受裂缝，混凝土剥落和露筋，梁体表面孔洞、麻面，以及梁体与墩台帽混凝土水蚀等多重病害侵扰。这些病害严重削弱了桥梁的安全性和耐久性，亟须采取高效的加固措施进行修复和改善。以某特大桥为例，尽管历经多次加固，但因其50m长的预应力T形梁未被纳入加固的范畴，目前该桥段布满受力裂缝并伴随局部混凝土破损，已被评定为4类危桥，这一严峻现实进一步凸显了加固工程的紧迫性和重要性。因此，对桥梁进行科学系统的检测评估，对于制定恰当的加固策略、运用新材料与新技术实施修复、恢复桥梁至良好技术状态以及保障桥梁安全运营至关重要。

T形梁桥加固技术的进步与发展深受新材料、新技术的引入与创新应用驱动。随着科技的日新月异，高性能混凝土、纤维增强复合材料以及体外预应力技术等众多新型材料与先进技术被广泛应用于桥梁加固领域，不仅显著提升了加固工程的质量与效率，还为解决各类桥梁病害提供了更为丰富和高效的选择。例如，纤维增强复合材料在加固中的巧妙运用，显著增强了桥梁的抗弯与抗剪承载能力，有效延长了桥梁的使用寿命；同时，这些新技术的应用促进了加固工程的绿色化发展，显著降低了施工活动对环境的不利影响。

在桥梁加固工程的实施过程中，规范的操作流程和科学的管理机制是其成功实施的关键保障。从项目启动、设计规划、施工建设直至验收评估及后期维护，加固工程的每一步骤均需接受严格的质量控制与监督管理。为此，《公路桥梁加固改造技术指南》等专业技术文件为桥梁加固工程提供了详尽的技术指引与管理规范，旨在全方位地保障桥梁加固工程的质量与安全。此外，桥梁加固工程的推进还需综合考虑社会、经济、技术等多维度因素，进行科学合理的评估与决策。例如，在加固成本超过新建桥梁成本一定比例时，需重新审慎评估加固方案的合理性与可行性。同时，需充分关注加固工程对周边交通与环境的影响，采取积极措施，最大限度地减少施工期间的不利影响，确保加固工程的社会效益与环境效益。

桥梁加固工程作为提升基础设施耐久性与安全性的关键环节，其技术创新与应用实践正不断为行业注入新的活力与动力。通过融合理论分析、试验研究与工程实践的综合方法，行业持续探索并优化加固方案，旨在提升加固工程的技术含量与实际效能。在这一过程中，试验检测辅助设计成为一种行之有效的手段，它能够精准地评估桥梁当前的承载能力，科学验证加固方案的有效性与可行性，从而确保加固措施能够精准，有的放矢。

桥梁加固工程的成功实施，离不开多学科、多领域的紧密协作与深度融合。桥梁工程学、材料科学、计算机技术乃至环境工程等领域的专家学者携手，共同为桥梁加固工程提供技术支持与创新解决方案。这种跨学科的协同合作不仅促进了新技术的研发与应用，还推动了行业标准的不断完善与提升，为桥梁加固工程的科学化、智能化发展奠定了坚实基础。

然而，桥梁加固工程的推进并非一帆风顺，面临着诸多挑战与难题。桥梁病害的多样性、复杂性使得在制订加固方案时往往需要权衡多种因素,如何在众多可能的方案中作出最优选择,成了一个棘手的问题。此外,施工过程中遇到的技术瓶颈、安全问题以及成本控制问题等也是影响加固工程顺利进行的重要因素。

为了解决这些问题,需要不断加强桥梁病害的检测与诊断技术研究,提升病害识别的精度与效率,为加固方案的制订提供更为准确的数据支持。同时,应提高加固方案的科学性与合理性,确保加固措施既能有效提升桥梁的承载能力,又能最大限度地保护桥梁结构的完整性与安全性。在施工过程中,应严格执行质量控制与安全管理制度,确保各项施工活动有序、高效地进行。

此外,桥梁加固技术的人才培养与技术交流也是行业发展的重要一环。通过加强专业培训、组织技术交流会议等方式,不断提升从业人员的专业水平与创新能力,可以为行业的持续发展注入新的活力。同时,鼓励企业与高校、科研机构等建立产学研合作关系,共同推动桥梁加固技术的研发与应用,为行业的长远发展提供强有力的支撑。

总而言之,T形梁桥及其加固技术的发展背景错综复杂,既深受国家政策的宏观指引,又与桥梁的规模大小、病害程度息息相关。此外,新材料、新技术的研发应用,以及科学的管理理念和技术创新策略,均为这一领域的蓬勃发展注入了强劲动力。伴随着我国社会经济的迅猛发展和交通运输需求的持续高涨,桥梁加固工程迎来了更为巨大的市场需求与无限的发展潜能。通过积极有效的政策引领,以及对技术创新、科学管理、人才培养等的持续关注与投入,我们必将大幅提升桥梁加固技术水平,为保障国家交通运输安全、推动可持续发展作出更为卓越的贡献。

1.3 桥梁加固方法概述

桥梁加固是指对桥梁的主要承重结构、构件及其相关部分采取整体增强、局部更换等措施,使其满足现行设计规范要求。

1.3.1 桥梁加固原理

从后加补强材料是否具备预应力的基本受力原理来看,桥梁上部结构加固可分为被动加固和主动加固。

1)桥梁被动加固原理

在受拉区(抗剪薄弱区)直接增设补强材料,如补焊钢筋、粘贴钢板、粘贴高强度复合纤维材料(碳纤维、芳纶纤维)等,就作用原理而言属于被动加固范畴。实际设计时,必须考虑带载加固及分阶段受力特点,构件自重及恒载由原梁承担,活载由加固后的组合截面承担,后加补强材料强度作用的发挥程度受原结构变形的限制。

2)桥梁主动加固原理

为解决后加补强材料"应变滞后"的问题,提高后加补强材料利用率,可对后加补强材料施加预应力,采用预加力原理进行加固补强。就作用原理而言,预应力加固属于主动加固范畴。后加补强材料主动受力,由于预加力的作用,改善了原结构的应力状态,以达到提高原梁承载力和抗裂性的目的。

1.3.2 常用桥梁加固方法

基于桥梁的耐久性问题,大量的老桥旧桥需要加固,相应地也产生了多种旧桥加固方法。目前,国内常用的桥梁加固方法有碳纤维布加固法、粘贴钢板加固法和体外预应力加固法等。

1)碳纤维布加固法

碳纤维布加固法的原理是将碳纤维布材料粘贴在T形梁桥的表面,利用其优异的力学性能来提高结构的承载力和刚度。碳纤维布具有极高的抗拉强度,其重度仅为钢材的四分之一,具有极高的抗拉强度(通常远高于普通钢材)。在加固过程中,首先需要对T形梁表面进行处理,包括清洁、打磨、去污,以确保碳纤维布与混凝土表面之间有足够的黏结力。然后,将碳纤维布按照设计要求裁剪成型,使用专业的粘结剂粘贴在T形梁的受拉区域或需要加固的部位。经过固化,碳纤维布与混凝土形成整体,共同承受荷载,从而提高结构的抗弯、抗剪能力,抑制裂缝的进一步发展。碳纤维布加固实景图如图1-9所示。

a)   b)

图1-9 碳纤维布加固实景图

T形梁桥碳纤维布加固方案的应用范围非常广泛,适用于各类T形梁桥,尤其是交通量增加、车辆超载或结构老化等问题导致承载力不足的桥梁。此外,碳纤维布加固法可用于新建桥梁设计,作为提高结构安全储备的一种措施。碳纤维布加固法可以应用于单个T形梁或整个桥跨,根据加固的具体需求,采用局部加固或全面加固。碳纤维布加固法尤其适用于桥梁的快速修复和加固,以及对交通干扰要求严格的桥梁加固工程。

碳纤维布加固法的优点包括:质量轻、强度高,对结构自重影响小,具有良好的抗疲劳性能和耐腐蚀性,适用于各种环境条件;施工简便,对周围环境和交通造成的干扰也较小。

2)粘贴钢板加固法

粘贴钢板加固法的原理是利用钢板的高强度特性,通过粘结剂将钢板粘贴在T形梁的受拉或受压区域,以增强其局部或整体的承载力。钢板与T形梁表面通过粘结剂形成一个整体,共同承受荷载,从而改善结构的受力状况。粘贴钢板加固法不仅能够提高T形梁的抗弯和抗剪能力,还能够控制裂缝的发展,提高结构的刚度和延性。粘贴钢板加固实景图如图1-10所示。

a)   b)

图1-10　粘贴钢板加固实景图

粘贴钢板加固法的应用范围非常广泛,适用于各种类型的T形梁桥,尤其是交通量增加、车辆超载或结构老化等问题导致承载力不足的桥梁。此外,粘贴钢板加固法适用于新建桥梁,作为提高结构安全储备的措施。粘贴钢板加固法既可用于单个T形梁,又可用于整个桥跨,可根据加固需求进行局部加固或全面加固。

与传统的加固方法相比,粘贴钢板加固法的优点包括:①高效性。粘贴钢板加固法施工速度快,交通干扰小,且能在短时间内完成施工。②钢板具有较高的屈服强度和良好的抗拉性能,能有效提高T形梁的承载能力。③粘贴钢板加固法增加结构的自重较少,对于桥梁的垂直净空影响较小。④粘贴钢板加固法具有良好的适应性。钢板可以根据加固需求进行定制,以适应不同的结构形式和受力特点。⑤钢板与粘结剂的组合方式灵活,可根据工程条件选择合适的黏结材料和施工工艺。⑥粘贴钢板加固法具有良好的经济性,虽然初期投资略高,但从提高桥梁承载力和延长其使用寿命的程度来看,成本效益相当可观。

3)体外预应力加固法

体外预应力加固法是一种通过在T形梁的外侧施加额外的预应力钢筋来增强其承载能力的方法。其原理是利用预应力技术改善T形梁的受力状态。该方法中,预应力钢筋被布置在T形梁受拉区域的外部,通过张拉这些钢筋,对T形梁产生压应力。这种压应力能够抵消部分由车辆荷载或其他外部因素引起的拉应力,从而减少或避免裂缝的产生,提高梁体的承载能力。体外预应力系统是独立于T形梁本身的受力体系,故而不会对原结构造成额外负担,也便于维护施工。体外预应力加固实景图如图1-11所示。

体外预应力加固法的应用范围非常广泛。它适用于各种类型的T形梁桥,特别适用于年代久远、交通量增加或设计标准提高而需要提高承载力的桥梁,也适用于新建桥梁,作为提高其耐久性和承载能力的安全储备。体外预应力加固法既能用于单个T形梁,也能用于整个桥跨,可以根据具体需要选择局部加固或全面加固。

体外预应力加固法的优点:①它能显著提高结构的承载能力。张拉预应力钢筋,在T形梁受拉区域产生额外压应力,从而抵消交通荷载引起的弯矩,有效减少了结构裂缝的宽度和数量。②由于预应力钢筋布置在T形梁外部,这种加固方式对现有结构的正常工作干扰极小,允许在不中断交通的情况下进行施工。③体外预应力系统的设计具有高度的灵活性,能够满足不同的加固需求。④体外预应力加固法经济效益显著。尽管初始投资相对较高,但从长远的角度来看其提升的承载能力和延长的使用寿命具有很高的成本效益。⑤预应力钢筋的耐久性优于普通钢筋,能够为结构提供持续保护,降低未来的维护成本。

a)   b)

图1-11 体外预应力加固实景图

1.4 体外预应力加固概述

1.4.1 体外预应力加固简介

所谓体外预应力加固,是指在结构的体外通过钢绞线、高强钢丝等施加预应力,所施加的预应力能够抵消外荷载产生的部分内力。这种方法不仅可以改善旧桥的使用性能、提高其极限承载力,还可以用于新建桥梁。换言之,体外预应力加固的实质是通过体外筋施加预压力,抵消梁体受拉区受外荷载作用之后产生的拉应力,从而使混凝土的抗压性能得到充分利用。

体外预应力加固体系由体外预应力筋(束)及其防腐措施、锚固块和转向块三个基本部分组成。体外预应力加固体系构造图如图1-12所示。

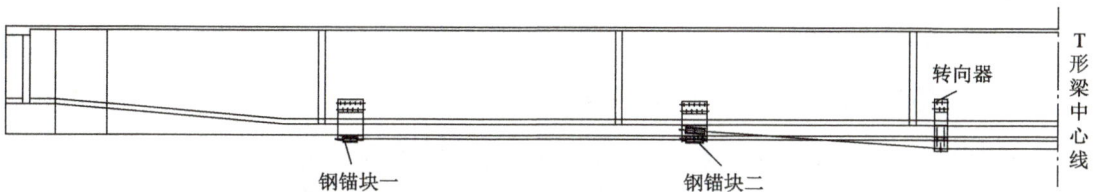

图1-12 体外预应力加固体系构造图

1)体外预应力筋(束)及其防腐措施

20世纪90年代之前,体外预应力筋(束)主要采用的材料有钢丝绳、冷拉粗钢筋以及槽钢。自20世纪90年代起,钢绞线和高强钢丝凭借其出色的抗拉强度,逐渐成为体外预应力加固的首选材料。与此同时,诸如塑料涂层钢绞线、环氧树脂涂层钢绞线、碳纤维和芳纶纤维等具备优良抗腐蚀性能的材料也被广泛应用于体外预应力加固中。

鉴于体外预应力筋(束)直接裸露于外部环境之中,缺乏混凝土层的保护,对其表面采取有效的防腐措施显得尤为重要。一般而言,防腐措施主要包括钢筋(束)自带的防腐涂层、护套及其内部的灌浆材料,以及锚固段的防腐处理。在选择防腐方案时,体外预应力筋(束)的暴露程度及其所处的具体环境条件是需要首先考虑的关键因素。

2)锚固块

锚固块是体外预应力加固的构件之一。锚固块的失效将直接危及体外预应力加固体系的效能,因此,锚固块是保障体外预应力体系安全、耐久的关键构件。在设计锚固块时应遵循的原则为:确保主梁受力明确,并尽量减小预应力对主梁结构的削弱。因预应力的作用会在锚固区域产生横向拉力,需要设置锚下钢筋以抵抗这些横向拉力。根据锚固位置和形式,锚固体系可分为梁端锚固和腹板锚固两种类型。在现有的体外预应力加固体系中,无黏结预应力筋(束)锚固体系被广泛采用。锚固块实景图如图1-13所示。

3)转向块

转向块是设置在梁体外的构件,其作用是为体外预应力筋(束)提供转向支撑,并以较小的摩擦力传递预应力,实现预应力筋(束)线形方向的转变,它是体外预应力筋(束)与梁体连接的特殊构件。根据需要,转向块可以设计成多种形式,主要包括三类:钢管、聚乙烯塑料(HDPE)管或两者的组合形式,钢管、钢板和槽钢焊接而成的形式,以及配备弹性垫层和滑动部件的形式。转向块实景图如图1-14所示。

图1-13　锚固块实景图

图1-14　转向块实景图

1.4.2　体外预应力加固技术特点

体外预应力加固技术是一种主动的加固方法,体外预应力是相对体内预应力而言的,其本质是以具有防腐保护作用的高强钢丝、钢绞线或高强度钢筋等作为施加预加力的工具,将其布置在结构本身的外部,对现有桥梁构件施加体外预应力,借此消除主梁自重、恒载和外部荷载产生的效应,从而达到改善旧桥使用性能、提高其极限承载能力的目的。

体外预应力加固简支梁本质是一个柔性拉杆的一次超静定混合体系,将该体系应用于桥梁结构时,一定要注意桥梁结构受力的特点。由于预应力的控制值是在桥梁结构自重、恒载作用下读取的,即带荷载加固,因此在上部结构自重、恒载和预加力的共同作用下,该体系已达到平衡状态,所以我们的研究对象是一个已处于平衡状态的一次超静定结构。

体外预应力筋(束)通过锚固块和转向块作用于结构,通常不与结构直接接触。体外预应力加固技术的核心优势在于其主动受力的特性,它相当于在原有结构上施加了一组与恒载和活载相反的等效外荷载,从根本上增强了结构的承载能力。

与普通预应力混凝土结构相比,体外预应力混凝土结构具有如下优点:

(1)普通预应力筋(束)可以是不可更换的,也可以设计成可更换或可复张的。体外预应力筋(束)可更换,便于维修、养护和加固。

(2)体外预应力加固技术具有结构简单、施工便捷的特点。体外预应力加固技术无须在梁肋中设置管道,避免了截面的削弱;体外配筋方式省去了管道灌浆的步骤,可实现全天候施工,这对寒冷地区的桥梁加固具有极其重要的现实意义。

(3)体外预应力加固技术减少了钢筋束的摩擦阻力损失,提高了预应力筋的利用效率,减小了预应力筋应力的变化幅值,这对抵抗疲劳是有益的。

(4)体外预应力构件具有减少预应力的摩擦阻力损失、减轻结构自重、提高承载力和耐久性等优点。

1.5 监测技术概述

1.5.1 监测技术发展背景

截至2024年底,中国已建成公路桥梁110.81万座。苏通长江公路大桥、南沙大桥、卢浦大桥、港珠澳大桥等代表性桥梁的顺利建成,标志着中国在桥梁设计理论、建造技术及建桥装备方面已达到国际先进水平。与此同时,随着桥梁服役年限的延长和服役环境的恶化,如何维护在役桥梁的结构耐久性和安全性,确保并延长桥梁使用寿命,提升其防灾能力和结构韧性,已成为当前桥梁工程师面临的主要问题之一。对桥梁服役期性能进行监测和检测,制定科学的评估与养护决策,是行业当前的研究热点。为保障桥梁的结构安全,我国在借鉴发达国家基础设施建设和养护经验的基础上,已将桥梁健康监测技术广泛应用于桥梁运营维护中。

桥梁健康监测技术起源于20世纪80年代,最初在美国和英国进行尝试,主要用于测量桥梁的应变、位移和温度等数据。随后,监测内容又扩展到了风力和结构动力,这种监测能够在强风速或桥梁振动异常时,及时地向管理部门发出安全预警。随着信息技术的发展,监测系统逐步实现了实时监测、同步分析和数据网络共享等功能。

20世纪90年代,我国陆续在上海徐浦大桥、江阴长江大桥、润扬长江大桥、东海大桥、苏通大桥、香港青马大桥等大型控制性工程中采用了不同内容和规模的健康监测系统。进入21世纪,桥梁健康监测系统的规模迅速扩大,2008年建成的香港昂船洲大桥,工程技术人员总结前期监测的经验,部署了1500个监测设备,建成了极为完善的桥梁健康监测系统;2017年竣工的港珠澳大桥,则建立了近年来规模最大的桥梁健康监测系统,采用大跨径分布式系统对桥梁的结构振动、索振动、风速风向、倾斜、位移和温湿度等重要信息进行全天候监测。

近年来,国内外多所高等院校和科研院所相继投身到大型桥梁健康监测系统的研究与应用中,在传感器的优化布设、自动监测的智能控制、实时监测信息的网络共享、损伤识别的自动诊断、桥梁承载能力和结构的可靠度分析以及桥梁剩余寿命的估算等方面取得了一定成果。

桥梁健康监测是一项复杂的系统工程,监测设备的精度、结构信号采集及环境干扰、信号处理与分析以及结构损伤识别算法等因素都可能使结构的损伤评估产生偏差。2020年上半年,我国两大知名大跨径悬索桥——虎门大桥和舟山西堠门大桥相继发生了涡振现象,引起社会关注,也再度激发了桥梁工作者对桥梁健康监测技术的思考。

1.5.2 传感器选型与布置

传感器技术、智能计算、通信技术被称为物联网技术的三大支柱。作为物联网感知的主要设备之一,传感器是将能感受到的被测量信息按照一定规律转换成可用输出信号的器件或装置。因此,基于物联网的桥梁结构健康监测技术,合理布置传感器,使其覆盖整个桥梁结构的不同部位,从而感知桥梁结构变化,获取变形、应力和温度等数据。为了保证监测的准确性和稳定性,应根据桥梁结构的特点和监测需求选择合适的传感器类型,再对其进行合理的布置。布置传感器时,应确保所选传感器能够准确、稳定地采集信息。为了构建一个全面的监测网络,分布式布置是常用的一种方法。此种方法将传感器布设在桥梁的各个部位,这不仅可以扩大监测覆盖面,还能保证监测数据的准确性和可靠性。此外,为了避免直接接触引起的数据失真,传感器与桥梁结构之间需要保持一定的间隔。传感器布置简图如图1-15所示。

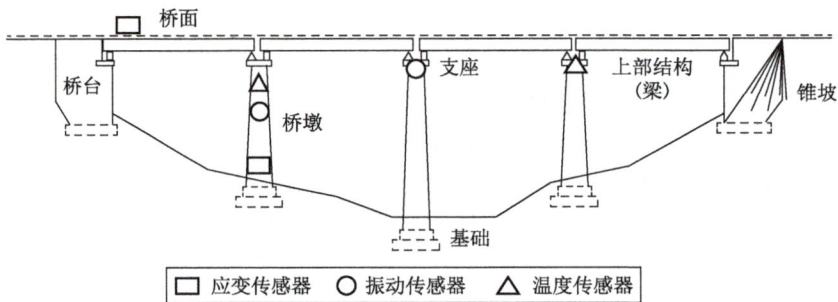

图1-15 传感器布置简图

1.5.3 数据采集与处理

数据采集系统通过向数据分析中心传送数据,为结构安全评价提供远程监测的实时数据样本。传统的数据采集系统多基于电缆传输数据,这种传输策略既耗费时间又安装费用昂贵,但在采集大量数据时可以获得稳定、可靠的传输体验。近年来,基于无线传感器网络技术(WSN)的传输方法飞速发展,这种传输策略与传统电缆传输相比,不仅可以快速安装、独立对各采样数据进行分批预处理,而且与智能科技结合后还能实现通信链路自我监控、自适应测量调度等功能。然而,无线传感器网络技术的数据传输会受到网络信号强度、传输距离及传输带宽的干扰,在恶劣天气下甚至可能出现传输异常的现象,且无线传感器网络节点往往依赖存储式电池供电,因此,该传输策略在无线网络节点优化和电源管理方面提出了较高的要求。

结合数据采集系统得到监测数据,利用物联网技术应用层展示平台实时监测桥梁状态参数,并将数据传输到云平台进行实时分析。系统通过与事先设定的警戒值进行对比,能够迅速发出预警信号,提醒相关人员开展必要的维护和修复工作。数据采集系统有助于减小不利因素对结构承载能力的影响,预防潜藏灾害。数据处理流程如图1-16所示。

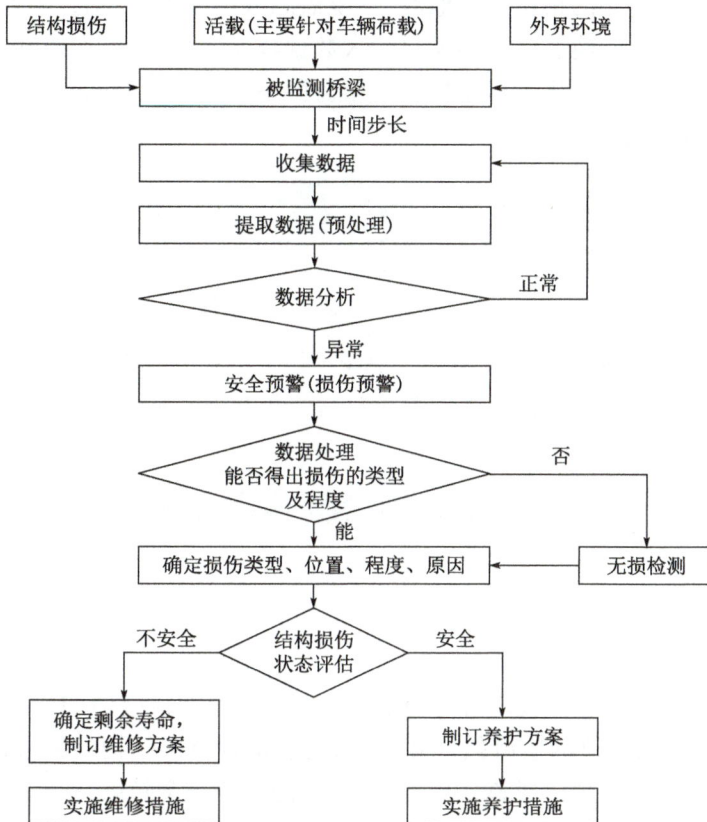

图1-16 数据处理流程

1.5.4 数字孪生技术应用

数字孪生技术是融合可视化模型与物理模型,实现信息交互、仿真、预测及优化的新型技术。该技术在工业4.0时代由信息技术结合工业制造技术发展而来,能够实现工业及建筑业的虚拟建造,具备排错性、高精度和可追溯的特点。随着我国桥梁建设领域工业化、智慧化的发展,该技术已被广泛应用于桥梁工程的建造和维护领域,涵盖桥梁方案设计、构件加工、施工组织、服役期间的健康监测以及灾害预防评估等多个方面。依靠桥梁健康监测现有的庞大数据链,应用数字孪生技术,有望实现监测数据与仿真分析模型间的实时修正,在桥梁的全生命周期中形成集动态修正、实时评估和安全预测功能于一体的全寿命监测、评估、预警系统。

既有文献分析表明,数字孪生技术在桥梁健康监测中的应用尚处于起步阶段,随着信息采集系统及各类传感器的蓬勃发展,可将桥梁运营期间面临的环境输入参数和损伤输出数据及时在控制端交汇反馈,形成运营维护的智能闭环。但就桥梁健康监测的损伤识别目标而言,通过结构损伤产生的动力响应变化数据推断损伤位置及程度是仿真模型逆运算。尤其在涉及复杂在役桥梁多损伤情境时,存在影响因素过多、逻辑链条繁杂、运算量巨大及结果不唯一等问题。因此,单纯依靠数字孪生技术实现桥梁结构健康监测的全部目标非常困难。研究结构响应参数与健康指标的关联机制,将数字孪生技术、仿真模型修正和神经网络算法进一步结合,研发基于深度学习的结构响应监测、环境监测数据处理,并结合图像处理方法识别结构局部或整体损伤的方法,建立结构多源异构大数据智能融合机制,形成数字联通、实时互动的智能化桥梁运维监测体系,成为未来桥梁健康监测系统的发展方向之一。数字孪生技术示意图如图1-17所示。

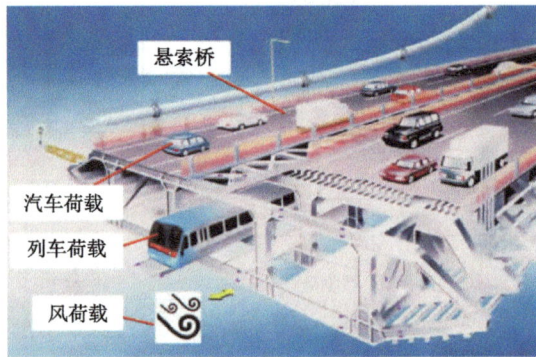

图1-17 数字孪生技术示意图

1.5.5 安全预警系统

安全预警系统基于传感器技术和数据分析,在桥梁体外预应力加固监测中逐渐得到应用。此类系统能够根据预设的监测指标和算法,自动识别桥梁结构的异常情况,并发出预警信号,提醒相关部门采取必要的维修措施,从而避免潜在的安全隐患。

健康监测的主要目的是对待测结构进行实时监测,对潜在危险信号形成早期预测并发出安全预警,便于管理者及早制定合理的应对策略。根据损伤发生的原因,安全预警可分为突发损伤预警和常规损伤预警两种。

受全球变暖影响,极端气候现象和自然灾害(如飓风、热浪、洪涝等)的发生频率不断上升。受地理位置及环境气候影响,桥址处可能遭受台风、地震、洪水等极端天气事件的影响,这些灾害可能会对桥梁局部构件造成损害。针对此类天气原因造成的突发损伤,相关工作者除了在结构上预置用于监测损伤数据的动静力传感器之外,还可以通过收集监测桥梁施工期及运营期的环境数据来构建灾害预警系统。该预警系统通过对比实测数据与理论分析结果,评估结构在极端环境下的安全性,实现实时预警。预警决策流程示意图如图1-18所示。

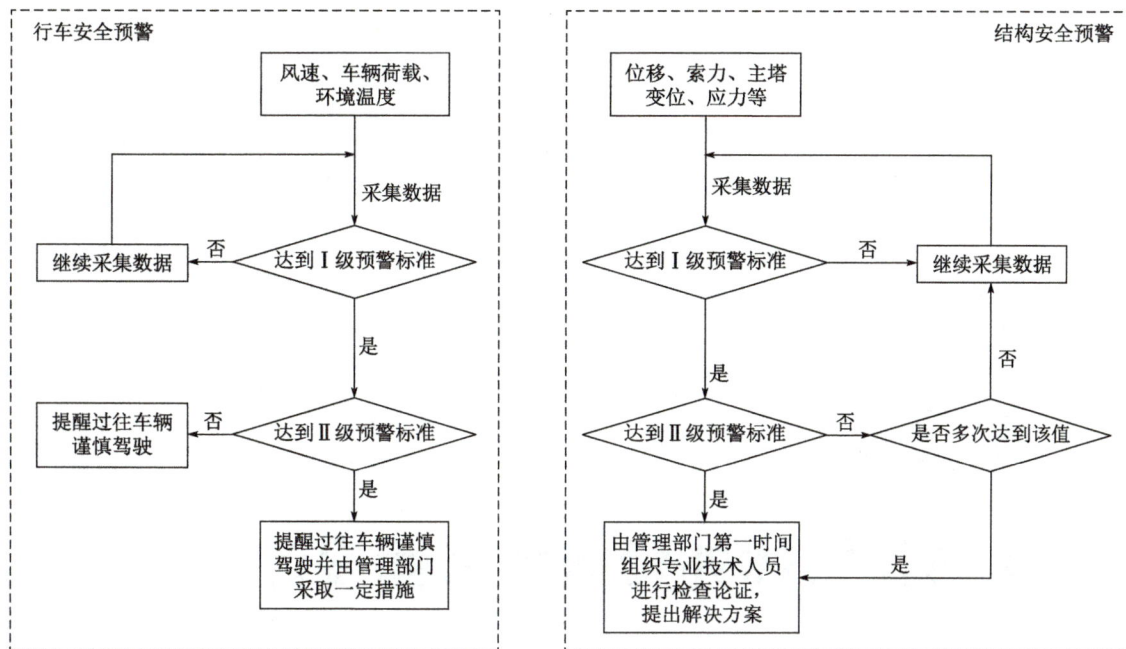

图 1-18　预警决策流程示意图

1.6　本章小结

　　本章介绍了 T 形梁桥的基本概念、发展历程、常见病害类型,如裂缝、变形、连接部位损伤等,并分析了这些病害的成因。针对这些病害,本章总结了一系列的加固方法,包括碳纤维布加固法、粘贴钢板加固法、体外预应力加固法等。

　　本章强调了监测系统在确保桥梁安全运营中的作用:通过实时监测桥梁的关键参数,可以及时识别结构损伤和异常状况,进而提示相关人员采取相应的维护措施。同时,本章概述了监测预警系统的设计目的是为桥梁提供一个综合的安全评估和预警机制,以保障桥梁在各类荷载作用和环境影响下的安全性和耐久性。

第2章

T形梁桥体外预应力加固设计

2.1 体外预应力筋(束)的布置

1)体外预应力筋(束)的布设原则

(1)体外预应力筋(束)的外形和位置应尽可能与弯矩图一致。合理的体外预应力筋(束)的布置形状应该使张拉预应力筋(束)所产生的等效荷载与外部荷载的分布形式基本一致。

(2)为获得较大的截面抵抗弯矩,控制截面处的预应力筋(束)应尽量靠近受拉边缘,以提高抗裂能力和承载能力。

(3)尽可能减少体外预应力筋(束)的摩擦损失和锚固损失,增大有效预应力值,提高施加体外预应力的效益和构件的抗裂性能。

2)布索形式

简支梁桥常用的体外预应力布索形式主要有以下四种,如图2-1所示。

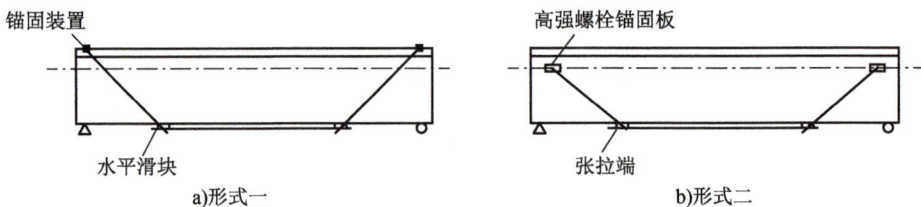

图 2-1

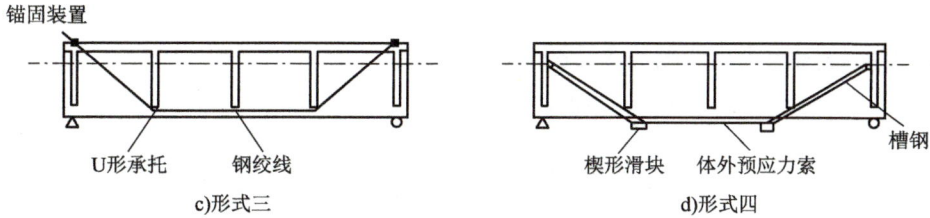

图 2-1　常用的简支体系的体外预应力布索形式

2.2　T形梁桥加固体系构造

1)水平滑块

水平滑块由连接斜筋和水平筋(束)的活动滑块、支撑座或固定在梁底的支撑钢板组成。水平滑块通常用钢板制作，水平滑块构造示意图如图2-2所示。

2)楔形滑块

楔形滑块一般用钢件焊接，也可采用混凝土结构。楔形滑块构造示意图如图2-3所示。

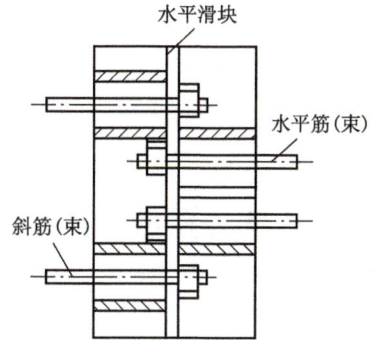

图 2-2　水平滑块构造示意图

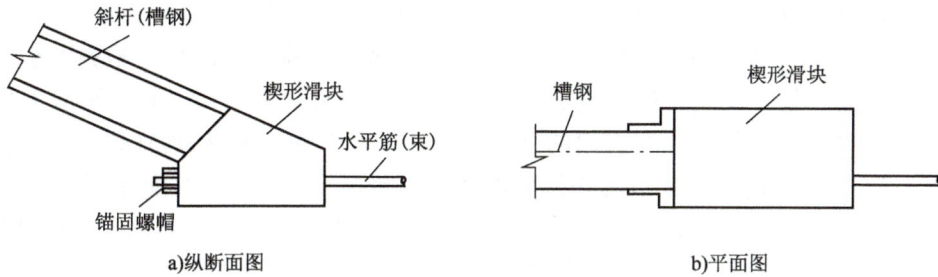

a)纵断面图　　　　　　　　　　b)平面图

图 2-3　楔形滑块构造示意图

3)U形承托

U形承托可用钢板弯制而成，套在横隔梁(板)的底部，并用环氧砂浆和锚固螺栓固定在横隔梁(板)上，其构造示意图如图2-4所示。水平筋的定位器如图2-5所示。

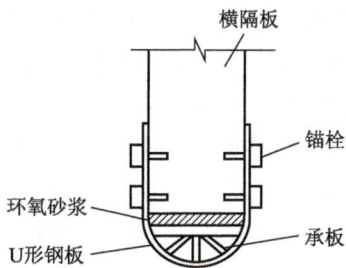

图 2-4　U形承托构造示意图

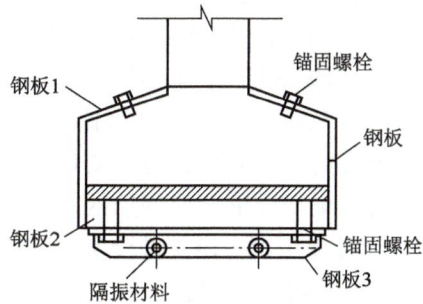

图 2-5　水平筋的定位器

4)黏结-摩擦锚固

黏结-摩擦锚固构造示意图如图2-6所示。

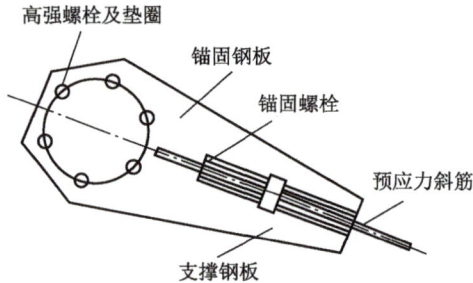

图2-6　黏结-摩擦锚固构造示意图

2.3　体外预应力加固设计

2.3.1　体外预应力损失分析

体外预应力结构在结构体系、构造形式、施工方法等方面与常规预应力结构有一定的差别。因此,有必要对体外预应力损失的计算方法作特定的考量。参考现行桥梁加固设计规范,在体外预应力加固结构中应考虑下列因素引起的预应力损失:①体外预应力筋(束)与管道壁之间的摩擦引起的预应力损失 σ_{l1};②锚具变形、预应力钢筋回缩引起的预应力损失 σ_{l2};③分批张拉导致混凝土弹性压缩引起的预应力损失 σ_{l4};④体外预应力筋(束)的应力松弛引起的预应力损失。除此之外,还应考虑使用期间的温差损失。混凝土收缩徐变损失是指混凝土因发生收缩徐变导致体积变化,预应力钢筋随之回缩,进而引起预应力损失。通常情况下,大跨预应力混凝土连续刚构桥采用体外预应力加固时,原桥已经运营多年,混凝土的收缩徐变已基本完成,故此处预应力损失可忽略不计。

2.3.2　体外预应力的应力增量计算和二次效应分析

1)体外预应力的应力增量

体外预应力筋(束)的应力计算与普通预应力混凝土不同,因为体外预应力筋(束)由外荷载引起的应变并不能根据相应截面的混凝土的应变求得,即体外预应力筋(束)的变形不服从平截面变形假定。研究表明,影响体外预应力筋(束)极限应力增量的因素有外荷载形式代表梁的弯矩分布形式、反映梁柔度的高跨比及梁的变形曲率。随着高跨比的增大,极限应力增量逐渐降低;综合配筋与无黏结预应力筋(束)与非预应力筋(束)的面积、强度,混凝土强度等因素相关,它体现了梁截面的相对受压区高度及其转动能力,是影响应力增量最显著的参数。只有综合考虑上述各种因素,建立符合实际情况的计算假定,再与试验结果全面比较,才能建立较为完善和成熟的极限应力公式。

2)体外预应力的二次效应

由于体外预应力结构仅位于锚固点和转向板处,体外预应力筋(束)在结构截面上的位置相对不变;而在其他位置时,体外预应力筋(束)对截面的偏心距随结构的形变发生变化,因而产生体外预应力二次效应。由于二次效应的存在,在加载阶段,体外预应力的偏心距会减小,这会降低体外预应力的作用,从而降低体外预应力结构的抗弯承载能力。

在体外预应力结构中,受转向装置的影响,相邻的两转向板之间的变形情况与简支梁相似。在体外索的自由长度中间增加具有限制竖向相对变位作用的索夹,可以有效增加体外索的极限应力增量和结构的极限承载力。与起转向作用的转向板相比,这种索夹构造简单,经济实惠。采用这一构造措施不仅可以有效地减小二次效应导致的结构承载力降低的不利影响,对结构的抗振也是明显有利的。

3)体外预应力筋(束)配束法

由连续刚构或连续梁桥的病害机理分析可知,连续体系桥普遍存在跨中下挠过大、箱梁开裂等问题。研究表明,跨中下挠过大主要是由纵向预应力损失过大导致的。因为收缩徐变与预应力度成反比,即预应力度越大,收缩徐变就越小。由此可见,纵向有效预应力损失增大,相当于张拉控制应力减小、收缩徐变增大。因此,基于体外预应力弥补纵向预应力损失的加固设计方法,确定体外预应力筋(束)配筋面积的方案是合理的。该体外预应力筋(束)配筋面积无法满足各截面纵向预应力损失的补偿,只有通过调整体外预应力筋(束)在箱梁的位置,才能适应连续刚构桥箱梁各截面的受力变化。因此,基于中跨底板纵向预应力损失补偿加固设计法,能快速、高效地确定体外预应力筋(束)的数量。

4)体外预应力筋(束)转向位置优化分析

在进行体外预应力加固设计时,首要问题是确定体外预应力筋(束)的面积,即加固控制目标,其次是确定体外预应力的布束方案。体外预应力加固设计的原理是对构件施加一个与外荷载方向相反的预加力,以平衡外荷载。对于受均布荷载或集中荷载的简支梁,可采用二折点的布置形式;对于受较大集中荷载的简支梁,体外预应力筋(束)宜在集中荷载位置折弯,可采用单折点布置形式,从而在折点处产生较大的反向力作用;另外,还可采用直线形布束,利用偏心矩在梁两端产生预加弯矩。体外预应力筋(束)的锚固点宜位于梁端的顶面,二折点布置的折弯点宜位于距梁端1/4～1/3跨径的范围内,以期产生较大的反向弯矩和剪力。

针对大跨预应力混凝土连续刚构桥,其体外预应力筋(束)配筋面积配筋的确定和具体的布置方式,应综合考虑桥梁的承载力不足、裂缝发展过快和挠度过大等问题,不能简单地直接套用上文中简支梁桥的布束原则来改善桥梁在正常使用过程中出现的病害。

一般情况下,体外预应力筋(束)采用折线的形式布置,在支点附近设置顶板束,在跨中附近设置底板束。每一跨顶板束与底板束为一根完整的预应力筋(束),并在1/4～1/3跨径处弯起,起到弥补原有桥梁竖向预应力筋(束)存在的缺陷、协同抗剪的作用。对于边跨设置,一端锚固在零号块端部,另一端锚固在梁端处;中跨则两端均锚固在零号块端部。由于体外预应力筋(束)的面积不可能精确地弥补箱梁各截面纵向预应力的损失,为了避免应力集中,体外预应力筋(束)应分批转向,以适应连续刚构桥箱梁沿纵向各截面的受力变化。

2.3.3　体外预应力结构抗振设计

体外预应力梁的预应力筋(束)位于混凝土外侧,钢绞线通过转向板和锚固端向混凝土梁施加预应力,并且在传递加载的过程中会产生的力变化;同时,钢绞线在转向板之间并未受到约束,可产生独立于梁的变形和振动。因此,体外预应力梁的振动涉及两方面问题。当梁的振动和体外预应力筋(束)的振动频率接近,又与外动力荷载(如车辆等)频率相差不大时,可能发生共振现象,进而导致锚具的疲劳破坏和转向构件处预应力筋(束)的弯折疲劳破坏,对体外预应力梁的使用造成影响。

研究体外预应力梁振动的目的:在设计体外预应力结构时,确保梁和体外预应力筋(束)的固有频率产生一定差异,且与外动力荷载的频率不相同,防止梁体与体外预应力筋(束)产生共振;同时,动力放大效应不至于过大,以保证体外预应力梁的正常使用。

2.3.4 体外预应力筋(束)的减振措施

体外预应力筋(束)仅在锚固和转向板处受到约束,当梁受到活载作用时,转向板(锚固端)间的预应力筋(体外索)又可能产生独立于梁的振动。若体外索的固有频率和梁的固有频率接近,可能引起共振。共振不仅会影响梁的正常使用,甚至会导致体外索断裂。因此,应采取构造上的措施避免体外索和梁发生共振,即避免体外索与梁的固有频率接近。

由振动理论可知,梁的固有频率是由梁的截面特性决定的,因此,只能调整体外索的固有频率避免共振。由体外索的固有频率公式可知,体外索的张力、材质由受力条件、使用环境等外因确定,所以,只能通过调整体外索的自由段长度来改变体外索的固有频率。体外索自由段长度的调整可通过改变转向板位置,或通过在转向板间增设减振装置将体外索与混凝土梁固定的方法来实现。因此,应将体外预应力筋(束)的自由段长度控制在10m以内,超出10m则应设置减振装置。

采用振动理论的公式计算固有频率时,为安全起见,应放大梁和钢绞线的频率差范围,确保体外索的固有频率在混凝土梁的70%～1.4倍范围之外,否则将会发生共振,导致体外预应力筋(束)内力增大,引起断裂,从而大幅度缩短体外索的疲劳寿命。

2.4 体外预应力加固计算

2.4.1 承载能力极限状态计算

1)正截面抗弯承载力计算

(1)正截面抗弯承载力计算基本假定

计算正截面抗弯承载力时作如下基本假定:

①在极限状态下,加固梁仍须为适筋梁破坏,受拉区的混凝土退出工作,全部拉力由原梁中的预应力钢筋或普通钢筋与体外索共同承担。

②加固后原梁的正截面变形仍符合平截面假设。

③受压区混凝土的应力分布按矩形应力图考虑,其应力大小取混凝土抗压强度设计值 f_{cd},混凝土的极限压应变取 $\varepsilon_{cu}=0.003$。

④原混凝土梁中普通钢筋或预应力钢筋应力分别达到其抗拉强度设计值 f_{sd} 或 $f_{pd,i}$。

⑤体外索水平筋(束)在极限状态下的应力达到其极限应力 $\sigma_{pu,c}$。

（2）体外索加固梁的正截面抗弯承载力计算

矩形、T形截面梁正截面抗弯承载力计算示意图如图2-7所示。

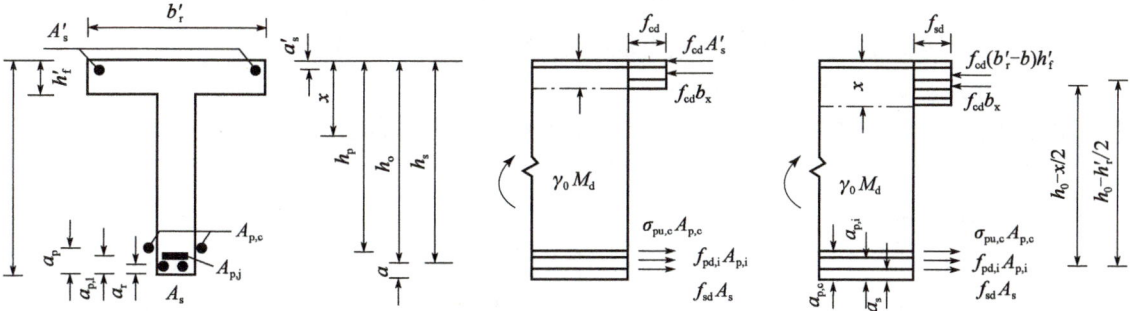

图2-7 矩形、T形截面梁正截面抗弯承载力计算示意图

（3）加固结构抗弯承载力的计算

①矩形截面或中性轴位于T形截面翼板内（$x \leqslant h$）：

$$f_{cd} b_f' x + f_{sd}' A_s' = \sigma_{pu,c} A_{p,c} + f_{pd,i} A_{p,i} + f_{sd} A_s \tag{2-1}$$

$$\gamma_0 M_d \leqslant f_{cd} b_f' x \left(h_0 - \frac{x}{2} \right) + f_{sd}' A_s' (h_0 - a_s') \tag{2-2}$$

②T形截面且中性轴位于截面腹板内（$x > h$）：

$$f_{cd} b x + f_{cd} (b_f' - b) h_f' + f_{sd}' A_s' = \sigma_{pu,c} A_{p,e} + f_{pd,i} A_{p,i} + f_{sd} A_s \tag{2-3}$$

$$\gamma_0 M_d \leqslant f_{cd} b x \left(h_0 - \frac{x}{2} \right) + f_{cd} (b_f' - b) h_f' \left(h_0 - \frac{h_f'}{2} \right) + f_{sd}' A_s' (h_0 - a_s') \tag{2-4}$$

为确保加固后的混凝土梁仍为塑性破坏，上述公式中的截面受压区高度x应满足下列条件：

$$x \leqslant \xi_b h_s \quad \text{或} \quad x \leqslant \xi_b h_p$$
$$x \geqslant 2 a_s'$$

式中：γ_0——桥梁结构的重要性系数；

$\quad M_d$——计算截面弯矩组合设计值；

$\quad A_{p,c}$——体外预应力水平钢筋（束）的截面面积；

$\quad \sigma_{pu,c}$——当构件达到极限抗弯承载能力时，体外预应力筋（束）的极限应力计算值；

$\quad A_{p,i}$——原梁体内预应力筋（束）的截面面积；

$\quad f_{pd,i}$——原梁体内预应力筋（束）的抗拉强度设计值；

$\quad A_s$——原梁体内纵向受拉普通钢筋的截面面积；

$\quad A_s'$——原梁体内纵向受压普通钢筋的截面面积；

$\quad f_{sd}$——原梁体内纵向受拉普通钢筋的抗拉强度设计值；

$\quad f_{cd}$——混凝土抗压强度设计值；

$\quad b_f'$——受压翼板的有效宽度；

$\quad b$——矩形截面宽度或T形截面的腹板宽度；

$\quad h_f'$——受压翼板的厚度；

$\quad h_s$、h_p——分别为原梁中普通钢筋和预应力钢筋的合力作用点至梁顶面的距离；

h_0——体(内)外预应力筋(束)和原梁普通钢筋的合力作用点到梁顶面的距离,$h_0=h-a$;

a——受拉区体内(外)预应力筋(束)和普通钢筋的合力作用点至受拉区边缘的距离;

a_s'——受压区普通钢筋的合力作用点至受压区边缘的距离;

ξ_b——原钢筋混凝土梁或原预应力混凝土梁的相对界限受压区高度。

(4)相对界限受压区高度ξ_b的取值

相对界限受压区高度ξ_b可根据原梁中受拉钢筋的种类由表2-1查取。

相对界限受压区高度ξ_b 　　　　　　　　　　　表2-1

原结构中的钢筋种类	C50及以下混凝土	原结构中的钢筋种类	C50及以下混凝土
R235(Ⅰ级钢筋)	0.62	5号钢	0.60
HRB335(Ⅱ级钢筋)	0.56	钢绞线、钢丝	0.40
HRB400、KL400(Ⅳ级钢筋)	0.53	精轧螺纹钢筋	0.40

注:1. 截面受拉区内配置不同种类钢筋的受弯构件,其值应选用对应于各种钢筋的较小者。

　　2. 表中Ⅰ、Ⅱ、Ⅳ级钢筋及5号钢是指《公路钢筋混凝土及预应力混凝土桥涵设计规范》(JTG 3362—2018)中的钢筋牌号。

(5)体外索的水平筋(束)的极限应力$\sigma_{pu,c}$

理论和试验研究表明,影响体外预应力钢筋(束)极限应力的主要因素有普通钢筋面积、体外预应力钢筋面积、混凝土强度、跨高比、加载方式和布索方式等六项。

正截面抗弯承载力计算中,体外索的水平筋(束)的极限应力$\sigma_{pu,c}$按式(2-5)计算:

$$\sigma_{pu,c} = \sigma_{pe,c} + 0.03E_{p,c} \leqslant \frac{h_{p,c}-c}{\gamma_p l_c} f_{pd,c} \tag{2-5}$$

$$l_c = \frac{2l_i}{N_s + 2}$$

式中:l_c——计算跨体外索的有效长度,mm;

　　N_s——构件失效时形成的塑性铰数目,对于简支梁$N_s=0$,对于连续梁$N_s=n-1$,n为连续梁的跨数;

　　l_i——两端锚具间体外索的总长度,mm,对于简支梁加固体系,$l_i=L$;

　　γ_p——体外预应力钢材的安全系数,取$\gamma_p=2.2$;

　　$h_{p,c}$——体外预应力筋(束)合力作用点到截面顶面的距离;

　　$E_{p,c}$——体外预应力筋(束)的弹性模量;

　　c——截面中性轴到混凝土受压区顶面的距离;

　　$f_{pd,c}$——体外预应力筋(束)的抗拉强度设计值。

对于T形截面:

$$c = \frac{A_{p,c}\sigma_{pu,c} + A_s f_{sk} + A_{p,i} f_{pk,i} - A_s' f_s' - 0.75 f_{cu,k}\beta(b_f'-b)h_f'}{0.75 f_{cu,k} b\beta}$$

式中:β——混凝土受压区高度折减系数,取$\beta=0.80$,当混凝土强度等级高于C50时,应按表2-2折减;

　　$f_{cu,k}$——混凝土立方体抗压强度标准值;

　　$\sigma_{pe,c}$——体外预应力筋(束)的永存预应力;

$A_{p,c}$——体外预应力筋(束)的截面面积。

系数 β 值   表2-2

混凝土强度等级	C55	C60	C65	C70	C75	C80
β	0.79	0.78	0.77	0.76	0.75	0.74

2)斜截面抗剪承载力计算

(1)斜截面抗剪承载力计算基本假定

斜截面抗剪承载力计算作如下假设：

①在极限状态下,加固后的混凝土梁仍为剪压破坏。

②与斜裂缝相交的原梁箍筋、斜筋或梁内弯起预应力钢筋的应力均能达到其各自的抗拉强度设计值。

③体外索斜筋(束)或体外索弯起部分达到其极限应力 $\sigma_{pub,e}$。

(2)受弯构件截面尺寸要求

体外索加固的T形截面受弯构件,截面尺寸应符合下列要求：

$$\gamma_0 V_d - \frac{1}{\gamma_{fs}} \sigma_{pub,e} A_{pb,e} \sin\theta_e \leqslant 0.51 \times 10^{-3} \sqrt{f_{cu,k}} \, bh_0 \qquad (2\text{-}6)$$

式中：V_d——斜截面受压端剪力的组合设计值,变高度梁段应考虑附加剪力的影响;

γ_0——结构重要性系数;

γ_{fs}——体外预应力斜筋(束)的材料安全系数,对于钢绞线和钢丝,$\gamma_{fs}=1.47$,对于精轧螺纹钢 $\gamma_{fs}=1.2$;

$\sigma_{pub,e}$——体外预应力斜筋(束)的极限应力;

$A_{pb,e}$——体外预应力斜筋(束)的截面面积;

b——相应于剪力组合设计值处的T形截面腹板宽度;

h_0——相应于剪力组合设计值处的截面有效高度,即纵向受拉筋合力作用点至受压边缘的距离;

θ_e——体外预应力斜筋(束)在竖直平面内的弯起角度(竖弯角),$\theta_e \leqslant 45°$。

V_d换算剪力设计值按下式计算：

$$V_d = V_{cd} - \frac{M_d}{h_0} \tan\alpha$$

式中：V_{cd}——按等高度梁计算的计算截面的剪力组合设计值;

M_d——相应于剪力组合设计值的弯矩组合设计值;

h_0——计算截面的有效高度;

α——计算截面处梁下缘切线与水平线的夹角,(°)。

当弯矩绝对值增加而梁高减少时,公式中的"−"改为"+"。

(3)体外索加固梁斜截面抗剪承载力

体外索加固梁斜截面抗剪承载力计算示意图如图2-8所示。

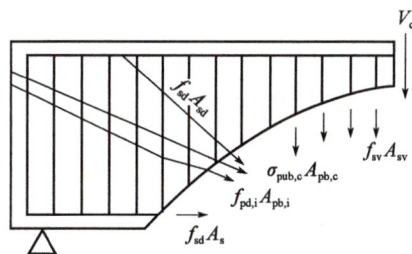

图2-8 体外索加固梁斜截面抗剪
承载力计算图示意图

采用体外索加固的受弯构件斜截面抗剪承载力按式(2-7)计算：

$$\gamma_0 V_d \leqslant \frac{\alpha_1 \alpha_2 \alpha_3 \cdot 0.45 b h_0 (2 + 0.6P)}{f_{cu,k} \rho_{sv} f_{sd,v}} + 0.75 \times 10^{-3} f_{sd,b} \sum A_{sb} \sin\theta_s + 0.75 \times$$

$$10^{-3} f_{pb,i} \sum A_{pb,i} \sin\theta_i + 0.8 \times 10^{-3} \sigma_{pub,e} \sum A_{pb,e} \sin\theta_e \qquad (2-7)$$

式中：α_1——异号弯矩影响系数，计算简支梁和连续梁近边支点段的抗剪承载力时取 α_1=1.0，计算连续梁和悬臂梁近中间支点段的抗剪承载力时取 α_1=0.9；

α_2——预应力提高系数，原梁为钢筋混凝土受弯构件时取 α_2=1.0，为预应力混凝土受弯构件时取 α_2=1.25，但原梁中由钢筋合力引起的截面弯矩与外弯矩的方向相同时，或加固梁为预应力混凝土 B 类受弯构件时取 α_2=1.0；

α_3——受压翼缘影响系数，对于 T 形截面梁取 α_3=1.1，对于矩形截面梁取 α_3=1.0；

$f_{cu,k}$——边长为 150mm 的混凝土立方体抗压强度标准值，即混凝土的强度等级；

P——原梁斜截面内纵向配筋率，$P=100\rho$，$\rho=(A_s+A_{p,i})/(bh_0)$；

b、h_0——分别为原梁计算斜截面顶端正截面的腹板宽度和有效高度；

ρ_{sv}——斜截面内箍筋配筋率，$\rho_{sv}=A_{sv}/(S_v b)$，S_v 为斜裂缝范围内的箍筋间距；

$f_{sd,v}$、$f_{sd,b}$——分别为原梁箍筋和弯起普通钢筋的抗拉强度设计值；

A_{sv}——斜裂缝范围内同一截面内箍筋各肢的总截面面积；

$f_{pb,i}$——体内预应力筋(束)的抗拉强度设计值；

$A_{pb,i}$——斜裂缝范围内体内弯起预应力筋(束)的截面面积；

A_{sb}——原钢筋混凝土梁中，一排普通弯起钢筋(或斜筋)的截面面积；

$A_{pb,e}$——体外预应力弯起筋(束)的截面面积；

θ_i——体内预应力筋(束)在斜截面受压端正截面处与梁轴线的夹角；

θ_e——体外预应力筋(束)在竖直平面内的弯起角度(竖弯角)，$\theta_e \leqslant 45°$；

θ_s——体内普通弯起钢筋的弯起角度。

(4)体外索的斜筋极限应力 $\sigma_{pub,e}$

体外索的斜筋极限应力 $\sigma_{pub,e}$ 与转向块处的摩擦阻力情况有关，可由水平筋(束)的极限应力 $\sigma_{pb,e}$ 求得：

$$\sigma_{pub,e} = \lambda \sigma_{pb,e} \qquad (2-8)$$

式中：λ——体外索的斜筋(束)拉力与水平筋(束)拉力比例系数，按如下方法确定。

采用有水平向移动的滑块或有转向块时：

$$\lambda = \frac{1}{\cos\theta_e + f_0 \sin\theta_e} \qquad (2-9)$$

采用楔形滑块时：

$$\lambda = \cos\theta_e - f_0 \sin\theta_e \qquad (2-10)$$

式中：f_0——摩擦系数，在缺少可靠试验数据的情况下，钢材间的摩擦系数取 f_0=0.16，采用四氟乙烯滑板时取 f_0=0.06，混凝土与钢材间的摩擦系数取 f_0=0.25。

3)转向装置计算

(1)转向装置设计计算应遵循的原则

①混凝土块式转向装置承载力计算时可忽略混凝土抗力的影响，转向力的竖向分力和水

平分力均由箍筋承担。

②转向块的承载能力计算可分为抗拉承载力计算和抗剪承载力计算两部分。

③混凝土转向装置在正常使用极限状态和承载能力极限状态下的应力状况需经计算确定。

④必须对转向块或转向肋位置的原结构进行局部分析。

（2）转向装置的作用效应取值

计算转向装置的作用效应设计值时，不考虑可变荷载应力增量的影响，取永存预加力 $N_{\mathrm{pe,e}}$，荷载分项系数取1.3。承受空间体外预应力作用的转向装置，在极限状态下其作用的水平力和竖向力设计值 N_{hd} 和 N_{vd}（图2-9）由式（2-11）、式（2-12）确定：

$$N_{\mathrm{hd}} = 1.3 N_{\mathrm{p,e}} \sqrt{1 - 2\cos\theta_{\mathrm{e}}\cos\beta_{\mathrm{e}} + \cos^2\theta_{\mathrm{e}}} \tag{2-11}$$

$$N_{\mathrm{vd}} = 1.3 N_{\mathrm{p,e}} \sin\theta_{\mathrm{e}} \tag{2-12}$$

式中：N_{hd}——转向装置的水平力设计值，即体外预应力筋（束）张拉时对转向装置的合力在水平面的分力设计值；

　　N_{vd}——转向装置的竖向力设计值，即体外预应力筋（束）张拉时对转向装置的合力在竖直方向的分力设计值；

　　$N_{\mathrm{p,e}}$——体外预应力筋（束）的永存预加力，$N_{\mathrm{p,e}} = \sigma_{\mathrm{pe,e}} A_{\mathrm{p,e}}$；

　　θ_{e}——体外预应力筋（束）在竖直平面内的弯起角度（竖弯角）；

　　β_{e}——体外预应力筋（束）在水平面内的弯转角（平弯角）；

　　$\sigma_{\mathrm{pe,e}}$——体外预应力筋（束）的永存预应力；

　　$A_{\mathrm{p,e}}$——体外预应力水平筋（束）的截面面积。

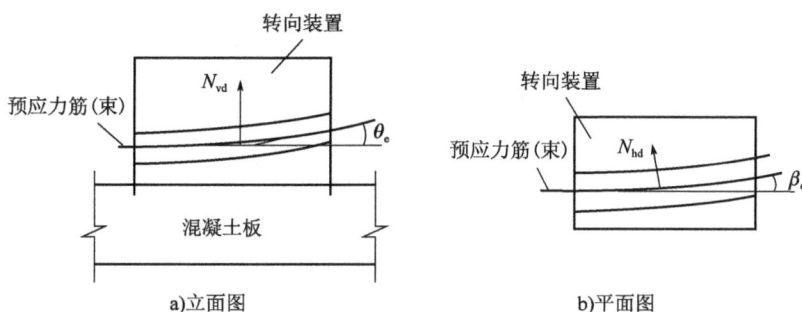

图2-9　体外预应力筋（束）的竖直转角和水平转角

（3）混凝土转向块承载力计算

如图2-10所示，混凝土转向块承载力计算中，应计算其与混凝土板连接界面，即图2-11中 A-A 截面的抗剪承载力和抗拉承载力。

①转向块抗剪承载力计算。

转向装置的剪切承载力 N_{hd} 可按式（2-13）计算：

$$\gamma_0 N_{\mathrm{hd}} \leqslant \varphi_{\mathrm{v}} f_{\mathrm{sd}} \sum A_{\mathrm{s}} \tag{2-13}$$

式中：γ_0——结构重要性系数，计算时取 $\gamma_0 = 1.1$；

　　φ_{v}——由剪拉组合作用引起的环向箍筋抗剪承载力降低系数，取 $\varphi_{\mathrm{v}} = 1/\sqrt{3 + (N_{\mathrm{vd}}/N_{\mathrm{hd}})^2}$；

f_{sd}——箍筋的抗拉强度设计值;

$\sum A_s$——A-A 截面上箍筋截面面积之和。

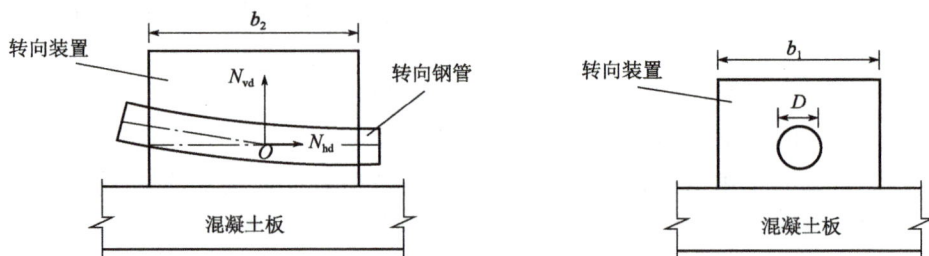

图 2-10　混凝土转向装置计算

②转向块抗拉承载力计算。

计算转向块抗拉承载力时,按照《公路钢筋混凝土及预应力混凝土桥涵设计规范》(JTG 3362—2018)第 5.4.2 条规定计算,如图 2-11 所示。

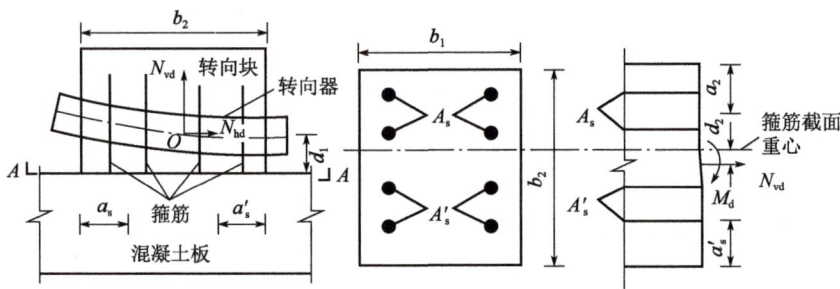

图 2-11　混凝土转向块抗拉承载力计算图示

$$\gamma_0 N_{vd} e_s \leqslant \varphi_p f_{sd} A_s' (b_0 - a_s') \tag{2-14}$$

$$\gamma_0 N_{vd} e_s' \leqslant \varphi_p f_{sd} A_s (b_0' - a_s) \tag{2-15}$$

其中:

$$b_0 = b_2 - a_s, \quad b_0' = b_2 - a_s'$$

$$e_s = \frac{b_2}{2} - e_0 - a_s, \quad e_s' = e_0 + \frac{b_2}{2} - a_s'$$

$$M_d = N_{hd} d_1 + N_{vd} d_2, \quad e_0 = \frac{M_d}{N_{vd}}$$

式中:φ_p——由剪拉组合作用引起的环向箍筋抗拉承载力的降低系数,建议取 $\varphi_p = 1/\sqrt{1 + 3(N_{hd}/N_{vd})^2}$;

a_s——受拉较大侧环向箍筋、锚固钢筋或植入钢筋合力作用点到该侧混凝土边缘的距离;

a_s'——受拉较小侧环向箍筋、锚固钢筋或植入钢筋合力作用点到该侧混凝土边缘的距离;

A_s——受拉较大侧环向箍筋、锚固钢筋或植入钢筋的截面面积;

A'_s——受拉较小侧环向箍筋、锚固钢筋或植入钢筋的截面面积；

d_1——钢管转向器形心距混凝土板表面的竖直距离；

d_2——钢管转向器形心距箍筋截面重心的水平距离，当转向块内箍筋沿纵桥向对称布置时，应取 $d_2=0$；

b_0、b_2——转向块横桥向和纵桥向的平面尺寸；

e_s、e'_s——偏心竖向力 N_vd 作用点距受拉较大边和受拉较小边钢筋重心的距离。

（4）钢制转向块承载力计算

对于钢制转向块必须计算其与混凝土接触界面连接的抗剪承载力和抗拉承载力，计算方法与混凝土转向块的计算方法相同。钢制转向块需满足钢结构的受力要求。

（5）混凝土转向肋承载力计算

混凝土横向转向肋的抗拉和抗剪承载力的计算方法可参考混凝土转向块的计算方法。

（6）局部承压计算

在混凝土转向肋中转向器的凹向区域内的混凝土承受局部压力 N_vd，应进行局部承压验算，计算公式如下：

$$\gamma_0 N_\mathrm{vd} \leqslant \beta f_\mathrm{cd} A_1 \tag{2-16}$$

式中：f_cd——转向装置混凝土抗压强度设计值；

β——局部承压强度提高系数，对于混凝土肋式转向装置取 $\beta=1.732$；

A_1——转向器下混凝土局部受压面积。

$$A_1 = D b_2$$

式中：D——转向钢管的外径；

b_2——转向钢管在混凝土转向装置中的长度。

（7）其他

当采用黏结-摩擦型锚固体系时，锚固力的大小仅计算黏结层的抗剪强度。当体外索锚固在原桥结构的横（隔）梁上时，应对原结构配筋进行抗弯、抗剪强度验算。

2.4.2　持久状况正常使用极限状态计算

1）体外预应力加固受弯构件设计

体外预应力加固受弯构件按下列三种情况设计：

（1）全预应力混凝土加固结构：在作用（荷载）短期效应组合下控制截面边缘不容许出现拉应力，在结构自重和体外预应力作用下简支梁控制截面的上缘不得消压。

（2）A类体外预应力混凝土加固结构：在作用（荷载）短期效应组合下控制截面边缘可出现不超过限值的拉应力。

（3）B类体外预应力混凝土加固结构：在作用（荷载）短期效应组合下控制截面边缘可出现超过限值的拉应力，但裂缝宽度应小于限值。

进行体外预应力混凝土加固结构弹性内力分析时，应采用原梁全截面换算截面几何性质，也可近似采用毛截面几何性质。

计算体外预应力混凝土加固结构的弹性应力时，全预应力构件、A类构件应采用全截面换算截面积几何性质，B类构件采用开裂的换算截面积几何性质。

2)体外预应力钢材的张拉控制应力

考虑到体外索结构的预应力损失量比体内预应力筋(束)小得多,可变作用引起的拉力增量相对有效预应力的比例很小,且体外预应力筋(束)在正常使用阶段也不宜长期处于高应力状态。因此,体外预应力钢材的张拉控制应力$\sigma_{con,e}$如下:

钢绞线、钢丝束

$$\sigma_{con,e} \leqslant 0.65 f_{pk,e} \tag{2-17}$$

精轧螺纹钢筋

$$\sigma_{con,e} \leqslant 0.75 f_{pk,e} \tag{2-18}$$

式中:$f_{pk,e}$——体外预应力钢材的抗拉强度标准值,MPa。

3)体外预应力损失估算

考虑到受加固桥梁多为运行十多年的旧桥,混凝土的收缩、徐变已基本完成,故在体外预应力加固旧桥的预应力损失计算中,不再考虑由收缩、徐变引起的应力损失。既有混凝土桥梁采用体外索加固时,在正常使用极限状态的计算中,应考虑以下因素所引起的体外预应力损失。

(1)在转向和锚固构造管道内的摩擦引起的预应力损失σ_{l1}

$$\sigma_{l1} = \sigma_{con,e}(1 - e^{-(kx + \mu\theta)}) \tag{2-19}$$

式中:k——单位长度管道轴线局部偏差的摩擦系数,1/m;

x——自张拉端的管道累计计算长度,m;

μ——体外预应力筋(束)与曲线管道的摩擦系数;

θ——自张拉端的管道累计偏转角,rad,对于空间布束方式,应考虑空间包角的影响。

体外预应力筋(束)的摩擦系数可按表2-3取值。

摩擦系数k与μ值   表2-3

管道种类	k	μ
钢管穿无黏结钢绞线	0.004	0.09
钢管穿光面钢绞线	0.001	0.25
HDPE管穿光面钢绞线	0.002	0.13

(2)锚具变形、筋(束)回缩和接缝压密引起的预应力损失σ_{l2}

$$\sigma_{l2} = E_{p,e} \frac{\sum \Delta l}{l} \tag{2-20}$$

式中:$E_{p,e}$——体外预应力筋(束)的弹性模量;

Δl——锚具变形、筋(束)回缩和接缝压密值,按表2-4取用;

l——预应力筋(束)的计算总长度,对于折线布筋(束)情况应为相关各段长度之和。

锚具变形、筋(束)回缩和接缝压密值(mm)   表2-4

锚具、接缝类型		Δl	锚具、接缝类型	Δl
夹片锚具	有顶压	4	镦头锚具	1
	无顶压	6	每块后加钢垫板的缝隙	1
带螺帽锚具的螺帽缝隙		1	水泥或环氧树脂砂浆的接缝	1

注:表中数据以一个锚具或接缝计。

（3）分批张拉引起的构件混凝土弹性压缩预应力损失 σ_{l4}

弹性压缩损失的平均值可近似按下式估算：

$$\sigma_{l4} = \frac{m-1}{2}\alpha_{Ep}\Delta\sigma_{pe} \tag{2-21}$$

式中：a_{Ep}——体外预应力筋（束）的弹性模量与混凝土弹性模量的比值；

$\Delta\sigma_{pe}$——在计算截面先张拉的体外预应力钢（束）中心处，由后张拉每一批体外预应力筋（束）产生的混凝土法向应力；

m——体外预应力筋（束）分批张拉次数。

由施加体外预应力引起的原构件预应力筋（束）的弹性压缩损失 σ_{l40} 可按下式计算：

$$\sigma_{l40} = \alpha_{Ep}m\Delta\sigma_{pe} \tag{2-22}$$

式中：$\Delta\sigma_{pe}$——原梁控制截面上预应力钢筋重心处，由张拉的一批体外预应力筋（束）产生的法向应力。

（4）钢筋松弛引起的预应力损失终极值 σ_{l5}

预应力钢丝、钢绞线

$$\sigma_{l5} = \psi\xi\left(0.52\frac{\sigma_{p,ei}}{f_{pk,e}} - 0.26\right)\sigma_{p,ei} \tag{2-23}$$

式中：ψ——张拉系数，一次张拉时 $\psi=1.0$，超长张拉时 $\psi=0.9$；

ξ——钢筋松弛系数，普通松弛 $\xi=1.0$，低松弛 $\xi=0.3$；

$\sigma_{p,ei}$——传力锚固时体外预应力筋（束）的应力；

$f_{pk,e}$——体外预应力筋（束）的抗拉强度标准值。

精轧螺纹钢筋：

一次张拉

$$\sigma_{l5} = 0.05\sigma_{con,e} \tag{2-24}$$

超张拉

$$\sigma_{l5} = 0.035\sigma_{con,e} \tag{2-25}$$

（5）体外预应力筋（束）的应力损失总值

$$\sigma_l = \sigma_{l1} + \sigma_{l2} + \sigma_{l4} + \sigma_{l5} \tag{2-26}$$

正常使用阶段，体外预应力筋（束）的永存预应力 $\sigma_{pc,e}$ 按下式计算：

$$\sigma_{pc,e} = \sigma_{con,e} - \sigma_l = \sigma_{con,e} - (\sigma_{l1} + \sigma_{l2} + \sigma_{l4} + \sigma_{l5}) \tag{2-27}$$

4）抗裂性验算

（1）体外索加固简支体系由可变作用产生的体外预应力钢筋（束）应力增量

对于用体外索加固的简支梁体系，其整体计算图示（图2-12）为一次内部超静定结构。由可变作用产生的体外预应力钢筋（束）应力增量计算方法具体如下：

拉力增量

$$\Delta N_{p,e} = \frac{-\Delta_{1p}}{\delta_{11}} \tag{2-28}$$

$$\Delta N_{pb,e} = \lambda\Delta N_{p,e} \tag{2-29}$$

应力增量

$$\Delta\sigma_{p,e} = \frac{\Delta N_{p,e}}{A_{p,e}} \tag{2-30}$$

$$\Delta\sigma_{pb,e} = \frac{\Delta N_{pb,e}}{A_{pb,e}} \tag{2-31}$$

式中：$\Delta N_{p,e}$、$\Delta N_{pb,e}$——体外预应力水平和弯起筋(束)的可变作用拉力增量；

$A_{p,e}$、$A_{pb,e}$——体外预应力水平和弯起筋(束)的可变作用面积；

$\Delta\sigma_{p,e}$、$\Delta\sigma_{pb,e}$——体外预应力水平和弯起筋(束)的可变作用拉应力增量。

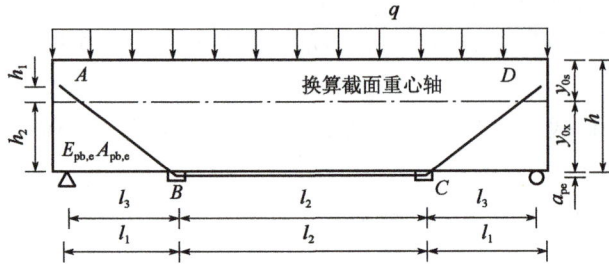

图 2-12　体外索加固简支体系整体计算图示

$$\Delta_{1p} = \frac{1}{E_cI_0}(2\omega_1\lambda h_1\cos\theta_e - 2\omega_1 y_1 - \omega_2 h_2) \tag{2-32}$$

$$\begin{cases}
\delta_{11} = \dfrac{2\lambda^2 l_1}{E_{pb,e}A_{p,e}\cos\theta_e} + \dfrac{l_2}{E_{p,e}A_{p,e}} + \dfrac{1}{E_cA_0}\left(2l_1\lambda^2\cos + \dfrac{1}{E_cI_0}\right) \\
\quad\left[\dfrac{2}{3}a\lambda^2 h_1^2\cos^2\theta_c + \dfrac{2}{3}b(M_{DX}+M_{NX})^2 + l_2 h_2^2\right] \\
\omega_1 = \dfrac{1}{2}ql_3^2\left(\dfrac{L}{2}-\dfrac{l_3}{3}\right) \\
\omega_2 = \dfrac{1}{12}qL^3 - ql_3^2\left(\dfrac{L}{2}-\dfrac{l_3}{3}\right) \\
y_1 = (l_1 - x_c)\lambda\sin\theta_e \\
x_c = \dfrac{l_3(2L-l_3)}{6L-4l_3} \\
a = h_1\cot\theta_e b = l_1 - h_1\cot\theta_e
\end{cases} \tag{2-33}$$

式中：ω_1——垫板中心至支座中心范围内可变作用弯矩图的面积；

ω_2——两垫板中心范围内可变作用弯矩图的面积；

θ_e——体外预应力筋(束)在竖直平面内的弯起角度(竖弯角)，$\theta_e\leqslant 45°$；

a——单位力引起的梁端弯矩零点至上锚固点的水平距离；

b——单位力引起的梁端弯矩零点至垫板中心的水平距离；

y_1——单位力引起的梁端弯矩图面积重心的竖坐标；

λ——体外预应力水平和弯起筋(束)的拉力比例系数，按前述公式计算；

q——作用在一片梁上的可变作用集度，当取标准值计算时，对于车列荷载可取其等效荷载，对于车道荷载取 $q=q_1+q_2$，q_1 为车道荷载的均布荷载，q_2 为由车道荷载的集中力 P 产生的等效均布荷载，$q_2 = 2P/L$，当取可变作用的频遇值或准永久值计算时，应考虑相应汽车荷载的频遇值系数或准永久值系数进行组合计算；

L——简支梁桥的计算跨径，$L=2l_3+l_2$；

y_{0s}、y_{0x}——原梁(跨中)换算截面重心至截面上缘、下缘的距离；

a_{pe}——体外索水平筋(束)重心到原梁底面的距离，以水平筋(束)位于原梁底面以下为正，以上为负；

h_1、h_2——原梁(跨中)换算截面重心至上锚固点和水平筋(束)中心的垂直距离，上锚固点位于原梁(跨中)换算截面重心上方为正，下方为负，在重心上为零，$h_2=y_{0x}+a_{pe}$；

l_1——上锚固点至滑块垫板中心的水平距离；

l_2——两滑块垫板中心间的水平距离；

l_3——滑块垫板中心至支座中心的水平距离；

$E_{p,e}$、$E_{pb,e}$——体外索水平筋(束)、斜筋(束)的弹性模量；

$A_{p,e}$、$A_{pb,e}$——体外索水平筋(束)、斜筋(束)的截面面积；

E_c——原梁混凝土弹性模量；

A_0、I_0——原梁(跨中)换算截面面积和惯性矩。

当原梁为钢筋混凝土梁且体外索斜筋的锚固点位于支撑截面上时，可采用下式近似估算体外预应力水平筋(束)的拉(应)力增量：

$$\Delta N_{p,e} = \Delta\sigma_{p,e}A_{p,e} = \alpha_{Es}e_{re}\frac{M_q}{I_0}A_{p,e} \tag{2-34}$$

式中：α_{Es}——原梁钢筋与混凝土的弹性模量之比；

M_q——按简支梁计算的跨中截面可变作用弯矩，根据计算目的选用其标准值、频遇值或准永久值组合；

e_{re}——体外预应力筋(束)的折算偏心距。

e_{re}可按下式计算：

$$e_{re} = 0.8\left(\frac{1}{\alpha}+0.5\right)h_2 - 0.2667\left(\frac{1}{\alpha}-1\right)h_1 \tag{2-35}$$

式中：α——体外预应力筋(束)两转向点间的距离与梁的跨径之比，$\alpha=l_2/L$。

对于连续梁和连续刚构加固体系，各段体外索的水平筋(束)中可变作用的拉(应)力增量需采用有限元方法计算求得。计算中需将体外预应力筋(束)单元在转向器(块)处固结，计算图线至固结点之间采用刚臂表示转向构造，如图2-13所示。计算中可忽略体外索在转向器中的滑动作用，且应考虑由体外预应力引起的二次效应。

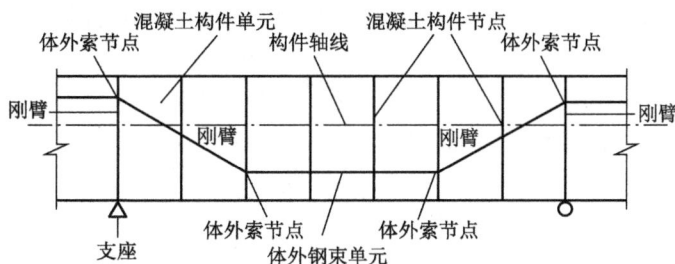

图2-13　体外索加固连续体系的有限元图示

（2）正截面抗裂性验算

整体浇筑或整体预制构件在作用（荷载）短期效应组合下正截面混凝土的抗裂性要求：

全预应力混凝土

$$\sigma_{st} - 0.90\sigma_{pc} \leq 0 \tag{2-36}$$

分段浇筑或分段拼装的构件

$$\sigma_{st} - 0.85\sigma_{pc} \leq 0 \tag{2-37}$$

A 类预应力混凝土：

在作用（荷载）短期效应组合下：

$$\sigma_{st} - \sigma_{pc} \leq 0.75f_{tk} \tag{2-38}$$

在作用（荷载）长期效应组合下：

$$\sigma_{lt} - \sigma_{pc} \leq 0 \tag{2-39}$$

式中：σ_{pc}——由体外（内）预应力筋（束）的永存预加力和水平筋（束）中可变作用频遇值或准永久值产生的拉应力增量 $\Delta N_{p,e}$ 在构件抗裂验算边缘产生的混凝土预压应力，kN；

σ_{st}——由作用（荷载）短期效应组合引起的截面抗裂验算边缘混凝土拉应力，kN；

σ_{lt}——由作用（荷载）长期效应组合引起的截面抗裂验算边缘混凝土拉应力，kN。

（3）斜截面抗裂性验算

体外索加固的全预应力混凝土构件在作用（荷载）短期效应组合下的抗裂要求：

整体浇筑或整体预制

$$\sigma_{tp} \leq 0.65f_{tk} \tag{2-40}$$

分段浇筑或分段拼装

$$\sigma_{tp} \leq 0.45f_{tk} \tag{2-41}$$

整体浇筑或整体预制的 A 类和 B 类构件、分段浇筑或分段拼装的 A 类加固构件在作用（荷载）短期效应组合下斜截面抗裂要求：

整体浇筑或整体预制构件

$$\sigma_{tp} \leq 0.75f_{tk} \tag{2-42}$$

分段浇筑或分段拼装构件

$$\sigma_{tp} \leq 0.55f_{tk} \tag{2-43}$$

式中：σ_{tp}——斜截面上由作用（荷载）短期效应组合引起的混凝土主拉应力；

f_{tk}——混凝土抗拉强度标准值。

（4）预应力混凝土 B 类构件的裂缝宽度验算

整体浇筑或整体预制 B 类加固构件的裂缝宽度 W_{tk} 按式（2-44）计算。

$$W_{tk} = C_1 C_2 C_3 \frac{\sigma}{E} \frac{\sigma_{ss}}{E_s} \left(\frac{30 + d}{0.28 + 10\rho} \right) \tag{2-44}$$

式中：C_1——钢筋表面形状系数，光面钢筋 $C_1 = 1.4$，带肋钢筋 $C_1 = 1.0$；

C_2——作用（荷载）长期效应影响系数 $C_2 = 1 + 0.5N_l/N_s$，其中 N_l 和 N_s 分别为按作用（荷载）长期效应组合和短期效应组合计算的内力值（弯矩或轴向力）；

C_3——与构件受力性质有关的系数，当为钢筋混凝土板式受弯构件时取 $C_3 = 1.15$，其他受弯构件取 $C_3 = 1.0$，轴心受拉构件取 $C_3 = 1.2$，偏心受拉构件取 $C_3 = 1.1$，偏心受压构件取C_3=0.9；

σ_{ss}——原梁为钢筋混凝土梁时，钢筋应力σ_{ss}应取加固后原构件普通钢筋的应力，原构件为预应力混凝土时，钢筋应力σ_{ss}应为加固后原构件预应力钢筋相对于其重心点混凝土应力为零时的拉应力增量；

d——纵向受拉钢筋直径，mm，当用不同直径的钢筋时，d改用换算直径$d_e = \sum n_i d_i^2 / \sum n_i d_i$；对于钢筋混凝土构件，$n_i$为受拉区第$i$种普通钢筋的根数，$d_i$为受拉区第$i$种普通钢筋的公称直径；对于混合配筋的预应力混凝土构件，预应力钢筋为由多根钢绞丝或钢绞线组成的钢丝束或钢绞线束，d_i为普通钢筋公称直径，钢丝束或钢绞线组成的预应力钢筋为等代直径d_{pe}，$d_{pe} = \sqrt{n}\, d$，n为钢丝束中钢丝根数或钢绞线束中钢绞线根数，d为单根钢丝或钢绞线的公称直径，对于钢筋混凝土构件中的焊接钢筋骨架，式(2-44)中的d应乘以系数1.3；

ρ——纵向受拉钢筋配筋率，对于钢筋混凝土构件，当ρ>0.02时取ρ=0.02，当ρ<0.006时取ρ=0.006。

预应力混凝土B类构件在正常使用极限状态下的裂缝宽度应按作用(荷载)短期效应组合并考虑长期效应影响进行计算。其计算的最大裂缝宽度不应超过下列规定的限值：

①原梁为钢筋混凝土梁。

Ⅰ类或Ⅱ类环境：0.20mm。

Ⅲ类或Ⅳ类环境：0.15mm。

②原梁为预应力混凝土梁。

Ⅰ类或Ⅱ类环境：0.10mm。

Ⅲ类或Ⅳ类环境：不得采用B类构件。

(5)混凝土转向装置裂缝宽度

混凝土转向装置与原结构的交界面在永存张拉力$N_{pe,e}$作用下除按偏心受拉构件验算其承载力之外，还需验算其裂缝宽度。在裂缝宽度验算时，转向装置的水平分力N_{hc}、竖向分力N_{vc}和弯矩M_c分别取为

$$N_{hc} = 1.1 N_{pe,e} \sqrt{1 - 2\cos\theta_e \cos\beta_e + \cos^2\theta_e} \qquad (2\text{-}45)$$

$$N_{vc} = 1.1 N_{pe,e} \sin\theta_e \qquad (2\text{-}46)$$

$$M_c = N_{hc} d_1 + N_{vc} d_2 \qquad (2\text{-}47)$$

式中，符号意义同前。

根据上述计算内力，按《公路钢筋混凝土及预应力混凝土桥涵设计规范》(JTG 3362—2018)第6.4.3条和第6.4.4条中的偏心受拉构件计算混凝土转向块根部截面的裂缝宽度，计算公式为

$$W_{tk} = C_1 C_2 C_3 \frac{\sigma_{ss}}{E_s} \left(\frac{30 + d}{0.28 + 10\rho} \right) \qquad (2\text{-}48)$$

式中：C_1——钢筋表面形状系数，对光圆钢筋取C_1=1.4，对带肋钢筋取C_1=1.0；

C_2——作用(荷载)长期效应影响系数，对于混凝土转向块抗裂性计算取C_2=1.0；

C_3——与构件受力性质有关的系数，混凝土转向块为偏心受拉构件时取C_3=1.1；

d——箍筋或受拉钢筋直径;

ρ——受拉较大侧钢筋配筋率,$\rho = \dfrac{A_s}{b_1 b_2}$;

b_1、b_2——分别为混凝土转向块的宽度和长度,如图 2-10 所示;

σ_{ss}——受拉较大边的钢筋拉应力,$\sigma_{ss} = \dfrac{N_{ve} e'_s}{A_s(b_2 - a_s - a'_s)}$;

e'_s——轴向拉力作用点至受拉较小边钢筋合力作用点的距离,$e'_s = e_0 + \dfrac{b_2}{2} - a'_s$。

5)挠度计算

在正常使用极限状态下,加固后预应力混凝土(包括全预应力混凝土或部分预应力混凝土)受弯构件的挠度可近似的按结构力学的公式进行计算。

体外预应力加固梁变形计算中的刚度取值与《公路钢筋混凝土及预应力混凝土桥涵设计规范》(JTG 3362—2018)相同,即对于全预应力混凝土或 A 类预应力混凝土构件刚度:

$$B_0 = 0.95 E_c I_0 \tag{2-49}$$

对于 B 类部分预应力混凝土构件的抗弯刚度,按作用效应组合 M_s 分段取用,在开裂弯矩 M_{cr} 作用下:

$$B_0 = 0.95 E_c I_0 \tag{2-50}$$

在 $(M_s - M_{cr})$ 作用下:

$$B_{cr} = E_c I_{cr} \tag{2-51}$$

式中:I_0、I_{cr}——构件换算截面惯性矩和开裂截面换算截面的惯性矩。

对于允许开裂的预应力混凝土 B 类构件的刚度取用,实际是按作用短期效应组合 $M_s(> M_{cr})$ 分成两部分,即 M_s 中的开裂弯矩 M_0 作用取 $B=B_0$ 而 (M_s-M_{cr}) 作用取 $B=B_{cr}$。构件截面开裂弯矩 M_{cr} 按下式计算:

$$M_{cr} = (\sigma_{pc} + \gamma f_{tk}) W_0, \quad \gamma = \frac{2 S_0}{W_0} \tag{2-52}$$

式中:S_0——原梁换算截面重心轴以上(以下)部分面积对重心轴的面积矩;

σ_{pc}——由体内(外)预应力钢筋(束)的永存预加力和水平筋中可变作用频遇值产生的拉力增量 $\Delta N_{p,e}$ 在构件抗裂验算边缘产生的混凝土预压应力;

W_0——原梁换算截面抗裂边缘的弹性抵抗矩。

由体外预应力引起的变形值可按刚度 $E_c I_0$ 计算,计算中需扣除全部预应力损失,并乘以长期系数 $\eta_\theta = 1.35$。在体外预应力水平筋(束)中的拉力 $N_{p0,e}$ 作用下,原梁的上拱度可近似按图 2-14 计算确定。梁在单位力 $P=1$ 作用下的弯矩如图 2-14 所示。由图乘法求得:

$$f_{Mp} = \eta_\theta \frac{N_{p0,e} \times 10^3}{E_c I_0} \left\{ \frac{1}{2} \lambda l_3^2 \left[h_1 \cos\theta_e - \left(l_1 - \frac{1}{3} l_3 \right) \sin\theta_e \right] - \frac{l_2}{4} \left(l_3 + \frac{1}{2} L \right) h_2 \right\} \tag{2-53}$$

式中:$N_{p0,e}$——在使用阶段,体外预应力水平筋(束)中的拉力;

θ_e——体外预应力筋(束)在竖直平面内的弯起角度(竖弯角),$\theta_e \leqslant 45°$;

λ——体外预应力水平和弯起筋(束)的拉力比例系数;

L——简支梁桥的计算跨径,$L = 2l_3 + l_2$;

h_1、h_2——原梁(跨中)换算截面重心至上锚固点和水平筋(束)中心的垂直距离,上锚固点在原梁(跨中)换算截面重心上方为正、下方为负,在重心上为零;

l_1——上锚固点至滑块垫板中心的水平距离;

l_2——两滑块垫板中心间的水平距离;

l_3——滑块垫板中心至支座中心的水平距离。

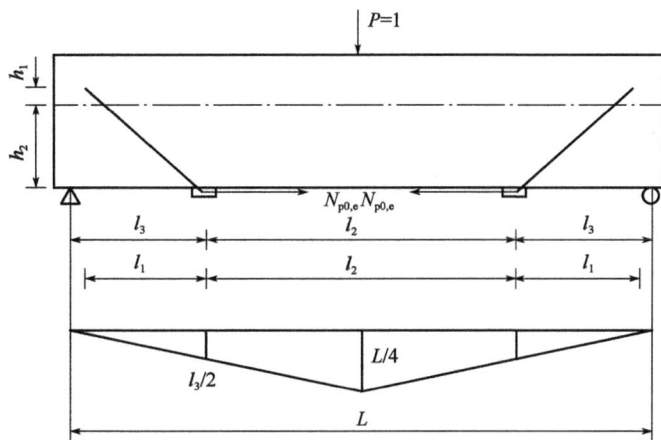

图2-14 体外预应力引起的挠度计算图示

在使用阶段的挠度应考虑长期荷载效应的影响,取可变作用的挠度长期系数 $\eta_\theta=1.2$。

受弯构件在荷载短期效应组合引起的长期挠度值消除结构自重产生的挠度后,其跨中最大值不应超过计算跨径的 1/600,主梁的悬臂端不应超过悬臂长度的 1/300,即

$$f_k = \eta_\theta(f_{Ms} - f_{Mg}) \leq \frac{l}{600} \quad 或 \quad f_k = \eta_\theta(f_{Ms} - f_{Mg}) \leq \frac{l_1}{300} \qquad (2\text{-}54)$$

式中:f_k——截面控制挠度;

f_{Ms}——短期作用(荷载)产生的计算挠度;

f_{Mg}——自重、恒载作用产生的计算挠度;

l——简支梁桥或连续梁、连续刚构桥单跨计算跨径;

l_1——梁式桥主梁的悬臂长度。

2.4.3 应力计算

不论原梁是钢筋混凝土梁还是预应力混凝土梁,只要其加固后为全预应力混凝土或预应力混凝土A类构件,加固后的梁体混凝土截面不开裂,均采用全截面的换算截面几何性质,其截面应力计算应按不开裂的偏心受压构件考虑。由于钢筋混凝土桥梁的混凝土强度等级较低,施加的体外预应力也较小,上述两种加固情况在实际工程中出现的概率极小。于是,钢筋混凝土梁加固后多为预应力混凝土B类构件。

若原梁为预应力混凝土构件,由于体外预应力的作用,原梁中预应力筋(束)的应力损失发生变化。例如,体外预应力将使原梁预应力筋(束)在原分批张拉损失的基础上,进一步产生新的弹性压缩损失。由于原梁预应力筋(束)重心处的混凝土压应力发生变化,其混凝土收缩徐变损失也随之变化。因此,原梁预应力筋(束)应力损失的变化应在加固设计中予以适当

考虑。

持久状况设计的体外预应力混凝土受弯构件,应计算其使用阶段正截面混凝土的法向压应力、斜截面混凝土的主压应力、原梁受拉区预应力钢筋的拉应力以及体外预应力筋(束)中的拉应力。计算上述应力时,作用(荷载)取其标准值。应力计算时,必须将汽车荷载的冲击系数考虑在内。

1)体外预应力筋(束)的拉应力

体外预应力筋(束)中的拉力 $N_{p0,e}$ 等于其永存预加力与可变作用标准值产生的拉力增量之和,即

$$N_{p0,e} = (\sigma_{pe,e} + \Delta\sigma_{p,e})A_{p,e} \tag{2-55}$$

式中:$N_{p0,e}$——在使用阶段,体外预应力水平筋(束)中的拉力;

$\Delta\sigma_{p,e}$——体外预应力水平筋(束)中由可变作用标准值引起的拉应力增量;

$A_{p,e}、\sigma_{pe,e}$——体外预应力水平筋(束)的截面面积和永存预应力。

使用荷载作用阶段,体外预应力水平筋(束)中的最大拉应力为

$$\sigma_{pe} = \sigma_{pe,e} + \Delta\sigma_{p,e} \quad 或 \quad \sigma_{p,e} = \frac{N_{p0,e}}{A_{p,e}} \tag{2-56}$$

2)法向应力计算

(1)加固后为全预应力混凝土或预应力混凝土 A 类构件

①原梁为钢筋混凝土构件。

钢筋混凝土构件加固后为全预应力混凝土或预应力混凝土 A 类构件时,混凝土法向压应力和法向拉应力可按下式计算:

$$\frac{\sigma_{kcp}}{\sigma_{ktp}} = \frac{N_{p0,e}}{A_0} \mp \frac{N_{p0,e}h_2}{I_0}y_0 \pm \frac{M_k}{I_0}y_0 \tag{2-57}$$

式中:$\sigma_{kcp}、\sigma_{ktp}$——使用阶段由作用(荷载)标准值产生的混凝土法向压应力和拉应力;

M_k——按作用(荷载)标准值组合计算的弯矩值;

y_0——原梁换算截面重心轴至受压区或受拉区计算纤维处的距离;

其他符号意义同前。

②原梁为预应力混凝土构件。

预应力混凝土构件加固后,应考虑原构件中体内预应力筋(束)引起的受压边缘压应力和拉应力。计算中应考虑由体外预应力引起的原构件体内预应力钢筋的弹性压缩损失的变化,见式(2-22)。

在体内、体外预应力水平筋(束)和作用(荷载)标准值组合的共同作用下,原构件的混凝土压应力或拉应力按式(2-58)或式(2-59)计算:

先张法:

$$\sigma_{kp} \quad 或 \quad \sigma_{km} = \frac{N_{p0,e} + N_{p0}}{A_0} \mp \frac{N_{p0,e}h_2}{I_0}y_0 \mp \frac{N_{p0}e_{p0}}{I_0}y_0 \pm \frac{M_k}{I_0}y_0 \tag{2-58}$$

后张法:

$$\sigma_{kcp} \quad 或 \quad \sigma_{ktp} = \frac{N_{p0,e}}{A_0} + \frac{N_p}{A_n} \mp \frac{N_{p0,e}h_2}{I_0}y_0 \mp \frac{N_p e_{pn}}{I_n}y_0 \pm \frac{M_k}{I_0}y_0 \pm \frac{M_{p2}}{I_n}y_n \tag{2-59}$$

原构件预应力钢筋的最大应力按式(2-60)计算:

$$\sigma_{pi} = \sigma_{pe,i} + \alpha_{Ep}\left(\frac{M_k}{I_0}y_0 \pm \frac{M_{p2}}{I_n}y_n\right) \tag{2-60}$$

式中: N_{p0}、N_p——原构件中预应力钢筋和普通钢筋的合力,先张法构件 $N_p = \sigma_{p0}A_p + \sigma'_{p0}A'_p - \sigma_{l6}A_s - \sigma'_{l6}A'_s$,后张法构件 $N_p = \sigma_{pe}A_p + \sigma'_{pe}A'_p - \sigma_{l6}A_s - \sigma'_{l6}A'$;

$N_{p0,e}$——在使用阶段,体外预应力水平筋(束)中的拉力;

A_n、I_n——原梁(跨中)净截面面积和惯性矩;

A_0、I_0——原梁(跨中)换算截面面积和惯性矩;

α_{Ep}——原梁体内预应力钢筋(束)与混凝土的弹性模量之比;

σ_{kcp} 或 σ_{ktp}——原梁混凝土截面由体内、体外预应力、作用(荷载)标准值组合及预应力二次力矩引起的二次法向压应力、拉应力;

$\sigma_{pe,i}$——原梁体内预应力筋的永存预应力,包括体外预应力对其引起的弹性压缩影响;

M_k——按作用(荷载)标准值组合计算的弯矩值;

M_{p2}——由预加力 N_p 在后张法预应力混凝土连续梁等超静定结构中产生的次弯矩,与 M_k 同号为正,异号为负;

e_{p0}、e_{pn}——原梁中先张法或后张法构件的预应力钢筋和普通钢筋的合力 N_{p0} 或 N_p 对换算截面或净截面的偏心矩;

y_0、y_n——原梁换算截面或净截面重心轴至受压区或受拉区计算纤维处的距离;

h_2——原梁(跨中)换算截面重心至水平筋(束)中心的垂直距离。

(2)加固后为预应力混凝土 B 类构件

加固后的结构为预应力混凝土 B 类构件时,混凝土的法向压应力 σ_{cc} 按式(2-61)计算:

$$\sigma_{cc} = \frac{N_{p0}}{A_{cr}} + \frac{N_{p0}e_{0N}c}{I_{cr}} \tag{2-61}$$

式中: N_{p0}——混凝土法向应力等于零时体内(外)预应力钢筋和原梁中普通钢筋的合力应按《公路钢筋混凝土及预应力混凝土桥涵设计规范》(JTG 3362—2018)第6.1.7条的公式计算;

A_{cr}、I_{cr}——B 类构件开裂截面换算截面的面积和惯性矩;

e_{0N}——N_{p0} 作用点至开裂截面重心轴的距离,$e_{0N}=e_N+c$;

c——截面受压区边缘至开裂换算截面重心轴的距离;

e_N——N_{p0} 作用点至截面受压边缘的距离,N_{p0} 位于截面之外为正,N_{p0} 位于截面之内为负,$e_N = \dfrac{M_k \pm M_{p2}}{N_{p0}} - h_{pse}$;

h_{pse}——体内、外预应力钢筋与普通钢筋合力作用点至截面受压边缘的距离,应按《公路钢筋混凝土及预应力混凝土桥涵设计规范》(JTG 3362—2018)第7.1.4条的式(7.1.4-4)计算。

计算中必须增加体外预应力水平筋(束)的拉力 $N_{p0,e}$ 一项,即

先张法构件

$$N_{p0} = \sigma_{p0}A_p + \sigma'_{p0}A'_p - \sigma_{l6}A_s - \sigma'_{l6}A'_s + N_{p0,e}$$

后张法构件

$$N_{p0} = \sigma_{pe}A_p + \sigma'_{pe}A'_p - \sigma_{l6}A_s - \sigma'_{l6}A'_s + N_{p0,e}$$

计算时其分子中必须增加 $\sigma_{p,e}A_{p,e}(h+a_{pe})$ 一项,分母中应包括 $N_{p0,e}$,即

$$h_{pse} = \frac{\sigma_{p0}A_p h_p - \sigma_{l6}A_s h_s + \sigma'_{p0}A'_p a'_p - \sigma'_{l6}A' a'_s + \sigma_{p,e}A_{p,e}(h + a_{pe})}{N_{p0}}$$

原构件开裂截面体内预应力钢筋的应力增量 $\Delta\sigma_{p,i}$ 按式(2-62)计算:

$$\Delta\sigma_{p,i} = \alpha_{Ep}\left[\frac{N_{p0}}{A_{cr}} - \frac{N_{p0}e_{0N}(h_p - c)}{I_{cr}}\right] \tag{2-62}$$

式中:α_{Ep}——原构件体内预应力钢筋弹性模量与混凝土弹性模量的比值;

h_p——截面受拉预应力钢筋合力作用点至截面受压边缘的距离。

原构件开裂截面体内预应力钢筋的最大拉应力 $\sigma_{p,i}$ 按式(2-63)计算:

$$\sigma_{p,i} = \sigma_{pe,i} + \Delta\sigma_{p,i} \tag{2-63}$$

式中:$\sigma_{pe,i}$——原构件体内预应力钢筋的永存预应力。

截面受压区边缘至开裂换算截面重心轴的距离 c(对 T 形截面)按式(2-64)计算:

$$c = \frac{\left[\frac{1}{2}bx^2 + \frac{1}{2}(b'_f - b)h'_f + \alpha_{Ep}A_s h_s + \alpha_{Ep}A_{p,i}h_p + (\alpha_{ES} - 1)A'_s a'_s\right]}{[bx + (b'_f - b)h'_f + \alpha_{Ep}A_s + \alpha_{Ep}A_{p,i} + (\alpha_{ES} - 1)A'_s]} \tag{2-64}$$

用体外预应力加固后的预应力混凝土 B 类构件开裂截面换算截面中性轴位置,按《公路钢筋混凝土及预应力混凝土桥涵设计规范》(JTG 3362—2018)附录 J 中(受压区高度 x)的方法计算,按式(2-65)计算:

$$Ax^3 + Bx^2 + Cx + D = 0$$

$$A = b$$

$$B = 3be_N$$

$$C = 3b_0h'_f(2e_N + h'_f) + 6\alpha_{EP}(A'_{p,i}g_p + A'_{p,i}g'_p) + 6\alpha_{ES}(A_s g_s + A'_s g'_s) \tag{2-65}$$

$$D = -b_0h'^2_f(3e_N + 2h'_f) - 6\alpha_{Ep}(A_{p,i}h_p g_p + A'_{p,i}h'_p g'_p) - 6\alpha_{ES}(A_s h_s g_s + A'_s h'_s g'_s)$$

式中:b——T 形截面的腹板宽度或矩形截面的宽度;

e_N——加固后 N_{p0} 作用点至截面受压边缘的距离;

b_0——T 形截面受压翼缘宽度与腹板宽度之差,$b_0 = b'_f - b$;

h'_f——T 形受压翼缘的厚度;

h_p、h_s——原梁中受拉区预应力钢筋和普通钢筋的合力作用点至梁顶面的距离;

g_p、g_s——原梁中受拉区预应力钢筋和普通钢筋的合力作用点至 N_{p0} 作用点的距离,$g_p = h_p + e_N$,

$g_s = h_s + e_N$;

A'_p、A'_s——原梁中受压区预应力钢筋和普通钢筋的合力作用点至梁顶面的距离;

g'_p、g'_s——原梁中受压区预应力钢筋和普通钢筋的合力作用点至 N_{p0} 作用点的距离,$g'_p = a'_p + e_N$,

$g'_s = a'_s + e_N$。

3)混凝土主应力计算

加固后的预应力混凝受弯构件的应力由作用(荷载)短期效应组合和预加力(包括体外加

力)组成,产生的混凝土主拉应力 σ_{tp} 和主压应力 σ_{cp} 应按式(2-66)～式(2-69)计算:

$$\begin{matrix}\sigma^{tp} \\ \sigma_{cp}\end{matrix} = \frac{\sigma_{cx} + \sigma_{cy}}{2} \mp \sqrt{\left(\frac{\sigma_{cx} - \sigma_{cy}}{2}\right)^2 + \tau^2} \tag{2-66}$$

$$\sigma_{cx} = \sigma_{pc} + \frac{M_s y_0}{I_0} \tag{2-67}$$

$$\sigma_{cy} = 0.6 \frac{n\sigma'_{pe} A_{pv}}{b s_v} \tag{2-68}$$

$$\tau = \frac{V_k S_{0b}}{b I_0} - \frac{\sum \sigma''_{pe} A_{pb,i} \sin\theta_i S_n}{b I_n} - \frac{\sum \sigma'_{p,e} A_{pb,e} \sin\theta_e S_0}{b I_0} \tag{2-69}$$

式中:σ_{cx}——在计算主应力点,由预加力(包括体外预加力)和按作用(荷载)短期效应组合计算的弯矩 M_s 产生的混凝土法向应力;

σ_{cy}——由竖向预应力钢筋的预加力产生的混凝土竖向压应力;

τ——在计算主应力点,由预应力(包括体外预应力)弯起钢筋的预加力和按作用(荷载)短期效应组合计算的剪力 V_s 产生的混凝土剪应力;

σ_{pc}——在计算主应力点,由扣除全部预应力损失后的纵向预加力产生的混凝土法向预压应力;

y_0——原梁换算截面重心轴至计算主压应力点的距离;

n——在同一截面上竖向预应力钢筋的肢数;

σ'_{pe}、σ''_{pe}——竖向预应力钢筋、纵向预应力弯起钢筋扣除全部预应力损失后的有效预应力;

A_{pv}——单肢竖向预应力钢筋的截面面积;

s_v——竖向预应力钢筋的间距;

b——在计算主应力点处构件腹板的宽度;

$A_{pb,i}$——原梁计算截面上同一弯起平面内预应力弯起钢筋的截面面积;

$A_{pb,e}$——体外预应力斜筋(束)的截面面积;

S_0、S_n——计算主应力点以上(或以下)部分换算截面面积对换算截面重心轴、净截面面积对净截面重心轴的面积矩;

θ_i——计算截面体内预应力弯起钢筋的切线与构件纵轴线的夹角;

θ_e——体外预应力斜筋(束)在竖直平面内的弯起角度(竖弯角)。

4)应力限值

使用阶段体外索加固受弯构件正截面混凝土的压应力和预应力钢筋(束)中的拉应力应满足下列要求:

(1)受压区混凝土的最大压应力

未开裂构件

容许开裂构件

$$\left.\begin{matrix}\sigma_{kcp} \\ \sigma_{cc}\end{matrix}\right\} \le 0.5 f_{ck} \tag{2-70}$$

(2)体内、体外预应力筋(束)的最大拉应力

①钢绞线、钢丝。

未开裂构件 $\left.\begin{array}{l}\sigma_{p,i} \quad 或 \quad \sigma_{p,e}\end{array}\right\}$
容许开裂构件 $\left.\sigma_{p,i} \quad 或 \quad \sigma_{p,e}\right\} \leqslant 0.65f_{pk,i} \quad 或 \quad 0.65f_{pk,e}$ （2-71）

②精轧螺纹钢筋。

未开裂构件 $\left.\begin{array}{l}\sigma_{p,i} \quad 或 \quad \sigma_{p,e}\end{array}\right\}$
容许开裂构件 $\left.\sigma_{p,i} \quad 或 \quad \sigma_{p,e}\right\} \leqslant 0.8f_{pk,i} \quad 或 \quad 0.8f_{pk,e}$ （2-72）

式中：$f_{pk,i}$、$f_{pk,e}$——体内、体外预应力筋（束）材料的抗拉强度标准值；

σ_{cc}——原构件混凝土开裂截面最大压应力；

$\sigma_{p,e}$——体外预应力水平筋（束）中的最大拉应力，$\sigma_{p,e}=\sigma_{p,e}+\Delta\sigma_{p,e}$；

$\sigma_{p,i}$——原构件截面的体内预应力钢筋的最大拉应力。

（3）使用阶段构件混凝土主压应力

使用阶段构件混凝土主压应力计算应考虑体外、体内预应力弯起钢筋及作用（荷载）标准值组合的影响，且应满足下列要求：

$$\sigma_{cp} \leqslant 0.6f_{ck} \tag{2-73}$$

式中：σ_{cp}——使用阶段由作用（荷载）标准值组合产生的混凝土主应力，按式（2-66）计算。

2.5　本章小结

本章讨论了T形梁桥体外预应力加固设计的理论基础与设计方法。体外预应力加固是提高桥梁承载能力和刚度的有效手段，它通过在梁体外增设预应力钢筋（束）并实施张拉，产生反向弯矩，以此增大梁体的承载能力抗裂弯矩值。

本章详细介绍了体外预应力加固的特点、类型、适用的范围及计算方法。设计过程中，需要考虑的主要因素包括材料的选择、预应力筋（束）的布置、张拉力的确定以及锚固和转向结构的设计等。此外，本章还提供了设计实例，用于进一步展示如何将理论知识应用于实际工程。

第3章

体外预应力监测技术

3.1 体外预应力监测原理

3.1.1 索力测量方法

目前索力测量的方法主要有液压千斤顶法、压力传感器法、振动频率法和磁通量法。

1)液压千斤顶法

在施工过程中,拉索的张拉作业常依赖液压千斤顶来完成。当液压千斤顶的液压面积保持恒定时,其油缸内的液压与液压千斤顶所产生的张拉力之间存在固定的比例关系。这一原理为我们提供了一种便捷的方式,即利用油压表的读数直接换算出液压千斤顶的张拉力。这种方法不仅操作简便、直观易懂,而且能够实现较高的测量精度,无须额外配备其他复杂的仪器设备。因此,它成为施工现场常用的索力测试手段。液压千斤顶如图3-1所示。

2)压力传感器法

压力传感器法主要是在体外索锚固端安装压力传感器。压力传感器由圆环形弹性材料和应变传感

图3-1 液压千斤顶

材料组成。压力传感器安装在体外索锚具和索孔垫板之间,在体外索拉力的作用下使弹性材料受到锚具和索孔垫板之间的压力作用,弹性材料在压力作用下发生形变,通过附着在弹性材料上的应变传感材料将弹性材料的变形转换成可以测量的电信号或者光信号,再通过二次仪表测量索力。压应力传感器安装构造图如图3-2所示。

拉索在张拉时,液压千斤顶的张拉力通过连接杆传递到锚具上,此时可运用电阻应变片测量的原理,制作压力传感器套在连接杆上;将压力传感器放在锚具和锚垫板之间,便可对索力进行长期监测。常用的压力传感器主要有振弦式压力传感器、压电式压力传感器、电阻式压力传感器和光纤光栅式压力传感器等。需要注意的是,压力传感器的安装与索的安装是同步进行的,若传感器损坏,则无法进行后期维护和更换,并且随着使用时间的延长以及各种因素的影响,该方法的测量误差可能逐渐增大。此外,压力传感器还存在售价高、重量大、测试结果数据漂移严重的问题,不适用于索力的长期监测。压力传感器如图3-3所示。

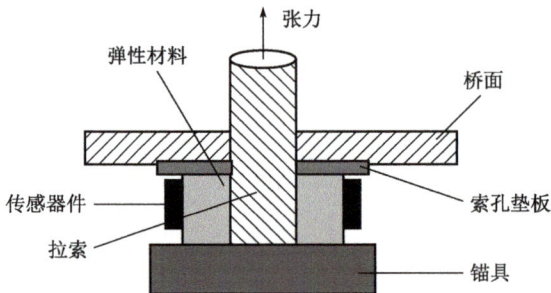

图3-2 压应力传感器安装构造图

图3-3 压力传感器

3)振动频率法

振动频率法利用斜拉桥索力测试中普遍采用的弦振动公式,基于振动信号理论,从动力平衡微分方程入手,导出拉索索力与其自振频率之间的关系,即通过检测拉索的自振频率得出拉索索力。测试时,该法无须预埋传感器,而是以环境随机激励或人工激振作为激振源,通过在拉索上附着的高灵敏传感器,拾取拉索在环境激励下的振动信号,再将信号经过滤波、放大以及谱分析,测得拉索的自振频率,最后根据自振频率与索力的关系确定索力。振动频率法测试索力具有操作简单、费用低、测试速度快和精度较高等优点。准确建立索力与频率之间的关系,便能利用振动频率法较高精度地测得索力。振动频率传感器如图3-4所示。

4)磁通量法

磁通量法最先由国外提出,是一种较新的索力测试方法。其原理是利用小型电磁传感器测定磁通量的变化,再根据应力、温度与磁通量变化之间的关系推算索力。目前磁弹索力传感器的研究成果主要有:捷克斯洛伐克 Dynamag 公司研发的磁弹传感器,已应用于江苏江阴大桥;美国芝加哥伊利诺伊大学与柳州欧维姆机械有限公司联合研制的 CCT54G 和 CCTl35J 磁通量传感器,已在天津永和大桥得到应用。虽然磁弹索力传感器已在实际工程中得到应用,但仍存在一些关键问题需要进一步解决和完善,如磁弹索力传感器系统的精细建模与系统优化、试验研究的完善、信号抗干扰能力的增强以及测量精度的提高等。磁通量传感器如图3-5所示。

图3-4 振动频率传感器

图3-5 磁通量传感器

3.1.2 各种测量方法对比分析

在索力测量的多种方法中,除磁通量法外,其他三种方法均采用不同的传感元件,形成了多样化的索力测量手段。这些方法的测量精度、测量方式以及信号处理系统均受到所选传感方式的影响。因此,结合具体的传感方式,探讨索力测量方法的特点并分析其优劣显得尤为重要。

(1)压力传感器法通过应变计与弹性材料的组合,组成了压力传感器来测量拉索索力,在测量拉索索力时,具有高精度、适用性和长期监控的能力,但其测量精度受应变计性能、测量电路特性、弹性材料性能以及传感器制作工艺水平的共同影响。电阻应变式传感器在测量拉索索力时,具有原理简单、系统构成不复杂的优点。然而,应变片的电阻-应变特性易受环境(如温度变化)影响,导致测量结果产生较大偏移。此外,压力传感器的价格高昂,且弹性材料在长期使用的情况下易发生疲劳破坏,导致传感器寿命较短,通常在半年到一年之间。

(2)振动频率法。

a. 接触式测量是通过传感器与拉索直接接触来获取振动信号的方法。这种测量方法通常使用加速度传感器或应变传感器。加速度传感器能够感知拉索振动时的加速度变化,进而计算出振动频率,而应变传感器则通过测量拉索在振动过程中产生的应变来推算索力。接触式测量的优点在于其测量精度较高,能够实时、准确地反映拉索的振动状态。然而,它也存在一些局限性。例如,传感器需要与拉索直接接触,这可能对拉索造成一定的干扰或损伤;同时,传感器的安装和维护也较为复杂,需要专业人员进行操作。

b. 与接触式测量相比,非接触式测量则无须传感器与拉索直接接触。非接触式测量通常利用激光测距仪、雷达或视觉传感器等设备,通过测量拉索在振动过程中的位移或速度变化来推算振动频率和索力。非接触式测量的优点在于其测量过程对拉索的干扰较小,不会对拉索造成损伤;同时,传感器的安装和维护也相对简单,降低了操作难度和成本。然而,这种测量方法的精度可能受到环境因素的影响,如光照条件、温度变化等,因此需要在使用时进行一定的校准和修正。

①振动频率法根据传感器测量方式可分为接触式测量和非接触式测量。

②振动频率法根据激振方式又可分为人工激励频率法和随机振动频率法。

a. 人工激励频率法测量简单,但需中断交通,不适合长期在线监测。

b. 随机振动频率法则无须对拉索进行人工激振,不用中断交通,测得的拉索振动频率准确、可靠,仪器简便实用且价格低廉,是目前最常用的监测方法。

然而,目前工程中所用的振动频率法在不同种类、不同长度的拉索上采用的传感器和信号处理方式存在差异,至今还未出现普适的测量系统。另外,该方法在数据处理上较为复杂,精度也受到传感器品质、数据采集精度及频谱分析等因素的影响,需要借助人工干预完成对信号的处理和判断,这导致它不能完全满足大型桥梁长期在线监测的需求。因此,系统地探讨体外索刚度、垂度及拾振传感器精度和安装位置及数据采集处理等因素对测量精度的影响,寻找一种既精确又稳定可靠的数据分析方法,开发自动测量软件,运用随机振动频率法实现拉索索力的自动化和实时在线测量,具有重大的现实意义。

(3)磁通量法在监测索力变化时,将传感器直接安装在体外索上,具有不受外力破坏、使用寿命长的优点。然而,磁通量传感器易受温度影响,需针对应用对象在试验室先作出不同温度下的应力-磁导率曲线,并在实际应用中辅以温度传感器进行实时动态补偿。此外,长期监测可能导致线圈发热,且传感器需在桥梁施工阶段预先安装,并保证与拉索中心线同轴,才能获得最佳测量效果。这些要求限制了磁通量法在拉索索力监测方面的应用。

3.1.3 加速度传感器

加速度传感器是一种能够测量加速力的电子设备,也就是可以测量物体在加速过程中作用在物体上的力。加速度传感器的工作原理基于牛顿第二定律,即物体的加速度与所受作用力成正比。具体来说,加速度传感器内部包含质量块、阻尼器、弹性元件、敏感元件和适调电路等部分。当传感器受到加速度作用时,质量块会受到惯性力的作用,产生位移或变形,这个位移或变形经过弹性元件的放大和转换,被敏感元件捕捉并转化为电信号,电信号随后通过适调电路进行处理,以消除噪声、提高信噪比,并最终输出一个与加速度成正比的稳定信号。

针对随机振动频率法,一般选择压电加速度传感器获取测试对象的振动信号。压电加速度传感器主要依据其质量、灵敏度和频率测试范围来选择。

(1)质量:误差随着传感器质量的增加而逐渐增大,因此,应尽可能减小传感器的质量。

(2)灵敏度:传感器的灵敏度越高,获取的振动信号就越真实,系统的信噪比就越高。

(3)频率测试范围:拉索的振动属于低频振动,因此传感器应尽可能获取拉索的低频信息。测试要求传感器的最低频率不高于被测物的频率,传感器的最高频率超过被测物体频率的2倍。本研究选取的传感器的频率测试范围为0.1～1kHz,满足体外索振动的要求。

3.2 振动频率法测量体外预应力筋(束)力的力学理论推导

3.2.1 基本假定

理论分析拉索的振动频率特性时,需要作出以下基本假定:

(1)体外索两端同一高度,静止状态视为水平且在一个平面内。

(2)体外索可视为线弹性材料,且材料截面积相同,材质均匀。

(3)体外索不计抗弯刚度和抗压刚度。

(4)拉索线形假定为抛物线。

(5)体外索做微幅自由振动。

3.2.2 拉索线性振动理论

图3-6为一静止状态的水平拉索,以一固定端为原点建立坐标系进行分析。其中,T为拉索受的张拉力,l为跨长,m为线密度,g为重力加速度。

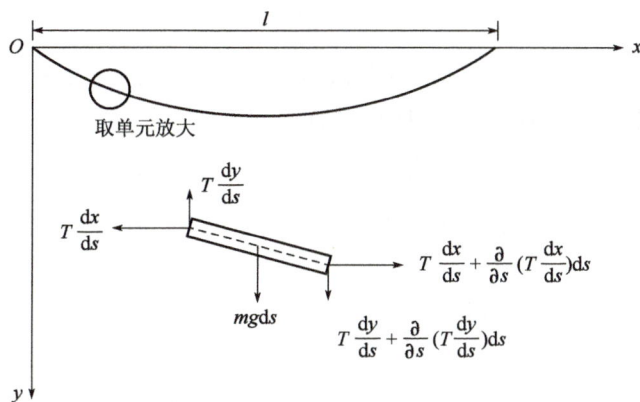

图3-6 水平拉索静力分析

拉索处于静力平衡状态,取一微元段进行分析,垂直方向平衡可得

$$T\frac{\mathrm{d}y}{\mathrm{d}s} + \frac{\partial}{\partial s}\left(T\frac{\mathrm{d}y}{\mathrm{d}s}\right)\mathrm{d}s + mg\mathrm{d}s - T\frac{\mathrm{d}y}{\mathrm{d}s} = 0 \tag{3-1}$$

进一步求得下式:

$$\frac{\partial}{\partial s}\left(T\frac{\mathrm{d}y}{\mathrm{d}s}\right) = -mg \tag{3-2}$$

根据微元水平方向平衡可得

$$\frac{\partial}{\partial s}\left(T\frac{\mathrm{d}x}{\mathrm{d}s}\right) = 0 \tag{3-3}$$

进一步求解得

$$T\frac{\mathrm{d}x}{\mathrm{d}s} = T\cos\theta = c \quad (c\text{为常数}) \tag{3-4}$$

由式(3-4)可知,$T\cos\theta$ 为一常数,拉索水平方向无其他集度荷载分力(设其为 H),则有

$$T = H\frac{\mathrm{d}s}{\mathrm{d}x} \tag{3-5}$$

将式(3-5)代入式(3-2),可得

$$H\frac{\mathrm{d}^2 y}{\mathrm{d}x^2} = -mg\frac{\mathrm{d}s}{\mathrm{d}x} = -mg\left[1 + \left(\frac{\mathrm{d}y}{\mathrm{d}x}\right)^2\right]^{\frac{1}{2}} \tag{3-6}$$

因为假定索的垂跨比很小,所以 $\mathrm{d}s = \mathrm{d}x$。由式(3-6)可得

$$H\frac{\mathrm{d}^2 y}{\mathrm{d}x^2} = -mg \tag{3-7}$$

由式(3-6)及边界条件 $\begin{cases} y|_{x=0} = 0 \ (x=0) \\ y|_{x=1} = 0 \ (x=l) \end{cases}$,可得水平拉索的线形为

$$y = -\frac{mgl^2}{2H}\left[\frac{x}{l} - \left(\frac{x}{l}\right)^2\right] \tag{3-8}$$

根据式(3-8)可知,拉索的线形形状为抛物线。

3.2.3 考虑拉索垂度影响的解析理论

图 3-7 所示为一水平拉索在平衡位置附近做微幅振动,u、v、w 分别为拉索振动时沿 x、y、z 方向的位移,τ 为振动时的索力增量,其他符号意义同上。

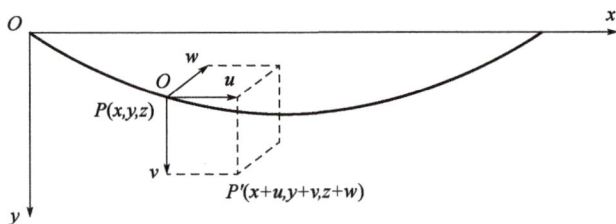

图 3-7 水平拉索的振动示意图

取一微元段拉索进行振动分析,根据牛顿第二定律建立运动方程:x 方向、y 方向和 z 方向的计算式分别为

x 方向

$$\frac{\partial}{\partial s}\left[(T + \tau)\left(\frac{\mathrm{d}x}{\mathrm{d}s} + \frac{\partial u}{\partial s}\right)\right] = m\frac{\partial^2 u}{\partial t^2} \tag{3-9}$$

y 方向

$$\frac{\partial}{\partial s}\left[(T + \tau)\left(\frac{\mathrm{d}y}{\mathrm{d}s} + \frac{\partial v}{\partial s}\right)\right] + mg = m\frac{\partial^2 v}{\partial t^2} \tag{3-10}$$

z 方向

$$\frac{\partial}{\partial s}\left[(T + \tau)\frac{\partial w}{\partial s}\right] = m\frac{\partial^2 w}{\partial t^2} \tag{3-11}$$

x 方向的振动较小,式(3-9)不予考虑。二阶偏微分属于高阶项,可以忽略。

另外,根据式(3-2)、式(3-5)、式(3-10)、式(3-11)计算可得

$$H\frac{\partial^2 v}{\partial x^2} + h\frac{\mathrm{d}^2 y}{\mathrm{d}x^2} = m\frac{\partial^2 v}{\partial t^2} \tag{3-12}$$

$$H \frac{\partial^2 w}{\partial x^2} = m \frac{\partial^2 w}{\partial t^2} \tag{3-13}$$

$$h = \tau \frac{\mathrm{d}x}{\mathrm{d}s} \tag{3-14}$$

式中:h——拉索水平分力H的增量;

H——水平分力,为一恒定的值,其增量h只是与时间相关的函数。

不难发现,式(3-12)、式(3-13)两个方程不耦合,即拉索的面内振动与面外振动独立。

(1)水平拉索面外振动的自振频率及振型

拉索面外振动的振型及频率由式(3-13)求得。设$w = \tilde{w}(x) \cdot \mathrm{e}^{\mathrm{i}\omega t}$,代入微分方程(3-13),另外根据约束方程$\begin{cases} \tilde{w}|_{x=0} = 0 \ (x = 0) \\ \tilde{w}|_{x=l} = 0 \ (x = l) \end{cases}$得

自振频率:

$$w_\kappa = \frac{n\pi}{l} \sqrt{\frac{H}{m}} \quad (n = 1, 2, 3, \cdots) \tag{3-15}$$

振型函数:

$$\tilde{w} = A_n \sin\left(\frac{n\pi x}{l}\right) \quad (n = 1, 2, 3, \cdots) \tag{3-16}$$

式中:n——拉索振动的自振频率阶次。

(2)水平拉索面内振动的自振频率及振型

拉索面内振动根据其振动形状又可分为反对称振动和对称振动。二者的受力特点主要区别在于面内反对称振动的索力增量为0,而对称振动的索力增量不为0。

①面内反对称振动。

因为$h = 0$,令$v = \check{v}(x) \cdot \mathrm{e}^{\mathrm{i}\omega t}$,代入微分方程(3-12),另外根据约束方程$\begin{cases} \check{v}|_{x=0} = 0 \ (x = 0) \\ \check{v}|_{x=l} = 0 \ (x = l) \end{cases}$

得

自振频率:

$$w_\mathrm{a} = \frac{2n\pi}{l} \sqrt{\frac{H}{m}} \quad (n = 1, 2, 3, \cdots) \tag{3-17}$$

振型函数:

$$\tilde{v} = A_\mathrm{a} \sin\left(\frac{2n\pi x}{l}\right) \quad (n = 1, 2, 3, \cdots) \tag{3-18}$$

式中,符号意义同上。

②面内对称振动。

令$h = \tilde{h}(x) \cdot \mathrm{e}^{\mathrm{i}\omega t}$,$v = \tilde{v}(x) \cdot \mathrm{e}^{\mathrm{i}\omega t}$,$\tilde{h}(x)$表示拉索的水平分力动力增量的幅值。将其代入微分方程(3-12)得

$$H \frac{\mathrm{d}^2 \tilde{v}}{\mathrm{d}x^2} + m\omega_n^2 \tilde{v} = -\tilde{h} \frac{\mathrm{d}^2 y}{\mathrm{d}x^2} \tag{3-19}$$

式(3-8)、式(3-19)联立可得

$$\frac{\mathrm{d}^2 \tilde{v}}{\mathrm{d}x^2} + m \frac{\omega_n^2}{H} \tilde{v} = \frac{mg}{H} \tilde{h} \tag{3-20}$$

式(3-20)求解得

$$\tilde{v}(x) = \frac{mg\tilde{h}}{\beta^2 H^2} \left\{ 1 - \cos(\beta x) - \tan\left(\frac{\beta l}{2}\right) \sin(\beta x) \right\} \tag{3-21}$$

其中，$\beta^2 = \dfrac{m w_n^2}{H}$。

另外，拉索振动的应变增量可用拉格朗日方程表示：

$$\varepsilon = \frac{\mathrm{d}x}{\mathrm{d}s} \cdot \frac{\mathrm{d}u}{\mathrm{d}s} + \frac{\mathrm{d}y}{\mathrm{d}s} \cdot \frac{\mathrm{d}v}{\mathrm{d}x} + \frac{1}{2}\left(\frac{\mathrm{d}u}{\mathrm{d}s}\right)^2 + \frac{1}{2}\left(\frac{\mathrm{d}v}{\mathrm{d}s}\right)^2 \tag{3-22}$$

忽略高阶项得

$$\varepsilon = \frac{\mathrm{d}x}{\mathrm{d}s} \cdot \frac{\mathrm{d}u}{\mathrm{d}s} + \frac{\mathrm{d}y}{\mathrm{d}s} \cdot \frac{\mathrm{d}v}{\mathrm{d}x} \tag{3-23}$$

因为 $\varepsilon = \dfrac{\tau}{EA}$，将式(3-14)代入微分方程(3-23)，得

$$\frac{h\left(\dfrac{\mathrm{d}s}{\mathrm{d}x}\right)^2}{EA} = \frac{\partial u}{\partial x} + \frac{\mathrm{d}y}{\mathrm{d}x} \cdot \frac{\partial v}{\partial x} \tag{3-24}$$

将方程(3-24)分离变量并积分得

$$\frac{\tilde{h}L_e}{2} = \frac{mg}{H} \int_0^i \tilde{v}(x)\mathrm{d}x \tag{3-25}$$

其中，$L_e = \displaystyle\int_0^i \left(\frac{\mathrm{d}s}{\mathrm{d}x}\right)\mathrm{d}x \approx l\left[1 + \left(\frac{mgl}{H}\right)^2\right]$。联立式(3-21)、式(3-25)，可得

$$\tan\left(\frac{\beta l}{2}\right) = \left(\frac{\beta l}{2}\right) - \frac{4}{\lambda^2}\left(\frac{\beta l}{2}\right)^3 \tag{3-26}$$

其中：

$$\lambda^2 = \frac{\left(\dfrac{mgl}{H}\right)^2 l}{\dfrac{HL_e}{EA}} \tag{3-27}$$

式(3-26)在弦的振动理论研究中具有很重要的地位。该公式表明，参数 λ^2 是索的几何效应与弹性效应之比，其物理意义表示索的紧松状态。λ^2 越小，表示索张拉越紧，λ^2 越大，表示拉索越松弛，若 λ^2 很大则表示拉索没有弹性。研究发现，绝大多数悬索桥主缆的 λ^2 值在 300 左右，而体外索的 λ^2 值普遍小于 2。

参数 λ^2 反映索的垂度和弹性模量对各阶自振频率的影响，参数 λ^2 的取值影响式(3-26)的解的取值，从而使振动特性显示出特征。式(3-26)为超越方程，求解过程复杂，具有很强的非线性。文献中以式(3-20)解析曲线为基准，用最小二乘法进行拟合，得到了基频与索力的实用关系式：

$$\omega = \frac{\pi}{l}\sqrt{\frac{H}{m}} \quad (\lambda^2 \leqslant 0.17) \tag{3-28}$$

$$\omega^2 = \pi^2 \frac{H}{ml^2} + 0.777 \frac{EA}{m} \left(\frac{mg}{H} \right)^2 \quad (0.17 < \lambda^2 < 4\pi^2) \tag{3-29}$$

$$\omega = \frac{2\pi}{l} \sqrt{\frac{H}{m}} \quad (4\pi^2 \leqslant \lambda^2) \tag{3-30}$$

3.2.4　考虑拉索抗弯刚度影响的解析理论

在不计垂度的条件下研究索的抗弯刚度,拉索可以看作一轴向受拉梁,建立其运动方程:

$$EI \frac{\partial^4 v(x,t)}{\partial x^4} - H \frac{\partial^2 v(x,t)}{\partial x^2} + m \frac{\partial^2 v(x,t)}{\partial t^2} = 0 \tag{3-31}$$

利用分离变量法求解得振型的表达式:

$$v(x) = A_1 \sinh(\beta x) + A_2 \cosh(\beta x) + A_3 \sinh(\alpha x) + A_4 \cosh(\alpha x) s \tag{3-32}$$

其中:

$$\alpha^2 = (\xi^4 + \gamma^4)^{\frac{1}{2}} - \xi^2, \beta^2 = (\xi^4 + \gamma^4)^{\frac{1}{2}} + \xi^2 \tag{3-33}$$

$\xi^2 = \dfrac{H}{2EI}, \gamma^4 = \dfrac{mv^2}{EI}, w$ 为自振圆频率。求解式(3-32)需要给出边界方程,实际拉索的边界介于铰支和固结之间,边界条件假定为铰支与固结的计算结果相差在5%以内。下面分别讨论这两种情况。

(1)若索边界条件为两端铰支,求解得出自振频率为

$$f_n = \frac{n}{2l} \sqrt{\frac{T}{\mu}} \quad (n = 1, 2, 3, \cdots) \tag{3-34}$$

(2)若索边界条件为两端固定,则得到特征方程为

$$2(\alpha l)(\beta l)[1 - \cos(\alpha l)\cosh(\beta l)] + [(\beta l)^2 - (\alpha l)^2]\sin(\alpha l)\sin(\beta l) = 0 \tag{3-35}$$

其中,

$$\alpha = \sqrt{\sqrt{\xi^4 + \gamma^4} - \xi^2}, \beta = \sqrt{\sqrt{\xi^4 + \gamma^4} + \xi^2} \tag{3-36}$$

式(3-35)是超越方程,无法直接求解,引入无量纲参数:

$$\xi^2 = \sqrt{\frac{H}{EI}} l \tag{3-37}$$

另外,定义参数 η_n 为

$$\eta_n = \frac{f}{f_n^s} \tag{3-38}$$

式中:$f = \dfrac{\omega}{2\pi}$;

f_n^s——通过弦理论计算得到的第 n 阶频率。

$$f_n^s = \frac{n}{2l} \sqrt{\frac{H}{m}} \tag{3-39}$$

联立式(3-37)~式(3-39),解得

051

$$\alpha l = \frac{\xi}{\sqrt{2}} \sqrt{\sqrt{1 + \left(\frac{2n\pi\eta_n}{\xi}\right)^2} - 1} \tag{3-40}$$

$$\beta l = \frac{\xi}{\sqrt{2}} \sqrt{\sqrt{1 + \left(\frac{2n\pi\eta_n}{\xi}\right)^2} + 1} \tag{3-41}$$

将式(3-40)、式(3-41)代入式(3-35),简化得

$$2n\pi\eta_n(1 - \cos\alpha l \cos h\beta l) + \xi \sin\alpha l \sinh\beta l = 0 \tag{3-42}$$

对于式(3-42),在已知 ξ 的情况下,使用牛顿-拉夫森迭代的方法就能解出 η_n。同样,此法以理论解曲线为基准,在不同的 ξ 范围内用最小二乘法拟合得到方程在考虑抗弯刚度影响下的解析解,这样得到的结果误差控制在 1% 以内。综上所述,考虑拉索抗弯刚度影响的基频关系式为

$$\omega^2 = a\frac{H}{ml^2} + b\frac{EI}{ml^4} \quad (0 \leqslant \xi \leqslant 18) \tag{3-43}$$

$$\omega = \frac{\pi}{l}\sqrt{\frac{H}{m}} + \frac{7.42}{l^2}\sqrt{\frac{EI}{m}} \quad (18 \leqslant \xi \leqslant 210) \tag{3-44}$$

$$\omega = \frac{\pi}{l}\sqrt{\frac{H}{m}} \quad (\xi > 210) \tag{3-45}$$

3.2.5 附加质量对测试精度的影响

随机振动频率法是利用精密的传感器获取信号的,然而传感器(附加质量块)所处的位置以及质量会对体外索的振动特性产生影响。可采用能量法,即主振型振动中动能的最大值和主振型振动时势能的最大值相等这一原理对其影响进行分析。用随机振动频率法测试索力时,设绑定于拉索上的传感器的质量为 M,离最近的固定端距离为 l_M,则加速度传感器对拉索索力计算的误差 ΔT_M 公式为

$$\Delta T_M = (1 - \beta_\mu^2)\left[T + \left(\frac{n\pi}{s}\right)^2 EI\right] \tag{3-46}$$

式中:T——拉索索力;

s——拉索长度;

EI——抗弯刚度;

β_μ——质量影响系数。

3.3 随机振动频率法

在日常生活和生产活动中,存在许多物体的振动,这些振动大致分为规则振动和随机振动两种。其中,规则振动是具有周期性的,可以用确定的函数来描述其振动的状态,如理想状态下的弹簧振动。随机振动在客观世界普遍存在,如颠簸道路上行驶车辆的振动、气流引起的飞机的颤抖以及地震引起的结构性振动等。随机振动的运动无明显规律,且其振动状态无

法用确定的函数进行描述。规则振动和随机振动的主要区别在于：振动的状态和规律不同，描述振动状态的函数和方式也不尽相同。

从统计学的角度来看，随机振动在总体上存在一定的规律。虽然它的规律不能用确定的时间函数来描述变化历程，也不能预知下一时刻的状态，还无法用试验的方法进行模拟，但却能用统计学的方法描述，发现其蕴含的固有特性。

需要注意的是，振动波形的复杂性与振动类型没有必然联系，即振动产生的复杂波形并不一定是随机振动引起的；反之，简单的波形也可能是由随机振动引起的。桥梁振动的波形本身并不复杂，然而其物理参数却是时间的随机函数。

综上所述，桥梁的振动属于随机振动。而随机振动不同于规则振动，具有以下特点：

(1)周期不固定，不能用确定数学函数描述其运动状态。

(2)对于某一时刻，无法预先得知振动的振幅、频率和相位，这三个要素也是随机的。

(3)在同一条件下进行试验，测试结果具有不确定性。

3.4 基频识别原理与处理方法

3.4.1 基频识别原理

在探讨随机振动频率法应用于拉索索力长期监测时，基频及其各阶谐振频率的自动识别是关键环节。为了深入理解这一领域，我们首先需要明确基频与谐振频率的概念及其区别，进而分析基频识别的理论依据。

1)基频与谐振频率的概念

(1)基频也称基本频率或第一谐频，是振动系统或波形在自由振荡时的最低频率。对于周期性振动或波形，基频决定了其基本的周期和节奏。在结构工程中，如桥梁、建筑物或拉索等，基频是评估其振动性能和稳定性的重要参数。

(2)谐振频率也称共振频率或固有频率，是指当外部激励的频率与系统的固有频率相匹配时，系统会发生共振的频率。在共振状态下，系统的振动幅度会显著增大，能量转换效率也会提高。对于拉索等结构，谐振频率不仅与基频有关，还与系统的其他参数(如质量、刚度、阻尼等)密切相关。

2)基频与谐振频率的区别

(1)定义上的区别：基频是振动系统或波形的最低频率，而谐振频率是系统发生共振时的频率。虽然在某些情况下，基频可能恰好等于谐振频率(如当外部激励与系统的基频相匹配时)，但两者在定义上并不等同。

(2)产生条件上的区别：基频是系统固有的，与外部激励无关；而谐振频率则与外部激励有关，只有当外部激励的频率与系统的固有频率相匹配时，才会发生共振。

(3)应用场景上的区别：基频常用于评估系统的振动性能和稳定性，如桥梁、建筑物的健康监测；而谐振频率则更多地用于分析系统的共振特性，如设计减振装置、优化结构性能等。

3)基频识别的理论依据与直接差频法

对于抗弯刚度可以忽略的正常受力的体外索,假设其两端固定不动时,其振动特性可以简化为一种理想的弦振动模型。在这种模型下,体外索的n阶频率是基频的n倍,即各阶频率之比为$1:2:3:4:\cdots$,其任意两阶振动频率之差即基频。这一重要特征为体外索索力的测量提供了理论基础。

直接差频法正是基于这一特征而提出的一种基频确定方法。通过测量体外索的各阶自振频率,并计算它们之间的差值,我们可以准确地确定基频。这种方法不仅简单直观,而且具有较高的精度和可靠性,因此在拉索索力长期监测中得到了广泛应用。

体外索的振型图如图3-8所示。由图3-8可以看出,1阶振型最大振幅位置在体外索的中央,且越靠近端部振幅越小;2阶振型最大振幅在$L/4$和$3L/4$处,3阶振型最大振幅在$L/6$、$3L/6$、$5L/6$等位置,4阶振型最大振幅在$L/8$、$3L/8$、$5L/8$、$7L/8$等位置。这表明,体外索的端部距离1阶振型最大振幅的位置最远,距离较高阶振型最大振幅的位置较近。实际测量索力时,对长索而言,索中央离地面较高,受施工条件限制,传感器只能安装在体外索桥面端附近,尽可能靠近拉索中间。在这种情况下,传感器拾取的体外索振动信号中含基频的成分较小(一频、二频等低阶成分较小),而高次谐波成分相对较大,再加上受传感器频率响应特性等因素的影响,容易在获得的频谱图中出现基频成分不突出而高阶谐振峰突出,峰值很大的现象。反映在频谱图上时,几乎分辨不出基频的谱线。由于难以找到基频,只能利用高阶谐振峰来推算体外索振动的基频。此时,最直接的方法便是利用直接差频法确定基频。

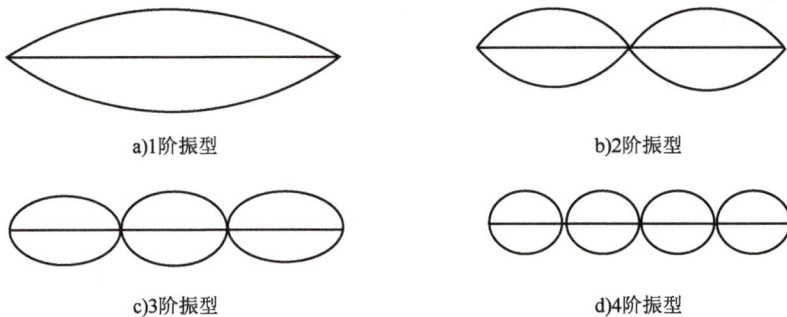

a)1阶振型   b)2阶振型

c)3阶振型   d)4阶振型

图3-8　体外索的振型图

正如前面所述,拉索索力的简化计算公式是基于一系列假设条件的。实际应用中,由于拉索两端并非严格固定,固定体外索的桥面和塔身自身也会发生振动,加之风、雨等外界因素的干扰,均会使拉索振动信号频谱中产生噪声,进而影响相邻谐振峰之间差值的准确性。

3.4.2　基频识别数据处理方法

在基频识别数据处理领域,为了精确而高效地确定基频,研究者们通常采用一系列行之有效的方法。其中,最为常用且效果显著的三种基频确定方法分别是频谱峰值法、频差法和迭代法。

在体外预应力筋(束)力自动监测系统中,用软件识别基频时,首先要确定频谱中的峰值位置。假设采样频率为Fs,信号频率为F,采样点数为N。那么FFT之后结果就是一个N点的复数。每一个点对应一个频率点。这个点的模值,除了第一个点直流分量之外,就是该频率值下的幅度特性。

1)频谱峰值法

频谱峰值法是一种直观且常用的方法,它通过分析振动信号的频谱图来识别基频。在频谱图中,基频通常对应着最为显著的峰值,即振幅最大的频率成分。通过定位这一峰值,我们可以准确地确定基频的值。这种方法简单明了,适用于大多数振动信号分析。

频谱峰值法流程图如图3-9所示。

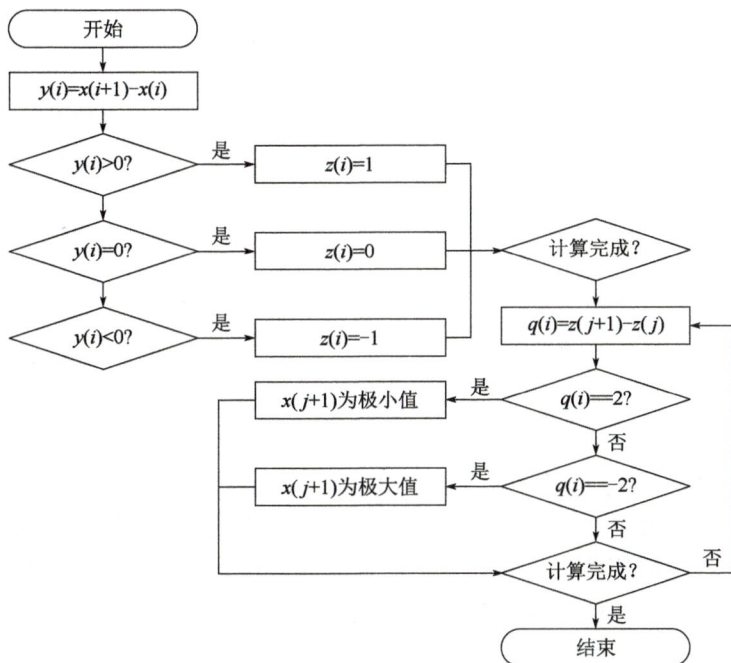

图3-9 频谱峰值法流程图

2)频差法

频差法是指利用振动系统各阶频率之间的特定关系来确定基频。对于某些振动系统,如本章前面提到的抗弯刚度可以忽略的体外索,其各阶频率之间存在固定的倍数关系,且任意两阶频率之差即基频。频差法正是基于这一特性,通过测量并计算各阶频率之间的差值来求解基频。这种方法在特定条件下具有较高的精度和可靠性。

频差法求基频流程图如图3-10所示。

本研究按如下方法利用频差法确定基频:

(1)根据工程经验估计拉索振动基频f'。

(2)寻找频谱中的峰值$f(i)$。

(3)计算所有峰值之间的频率差$\Delta f i(k)$。

(4)根据估计基频f'筛选$\Delta f i(k)$。

(5)计算$n=f(i)/\Delta f i(k)$,检查n值是否为整数或近似整数。

（6）寻找频差 $\Delta f(j)$，使其由（5）中计算得到的整数（或近似整数）个数最多，则确定该 $\Delta f(j)$ 为所求基频。

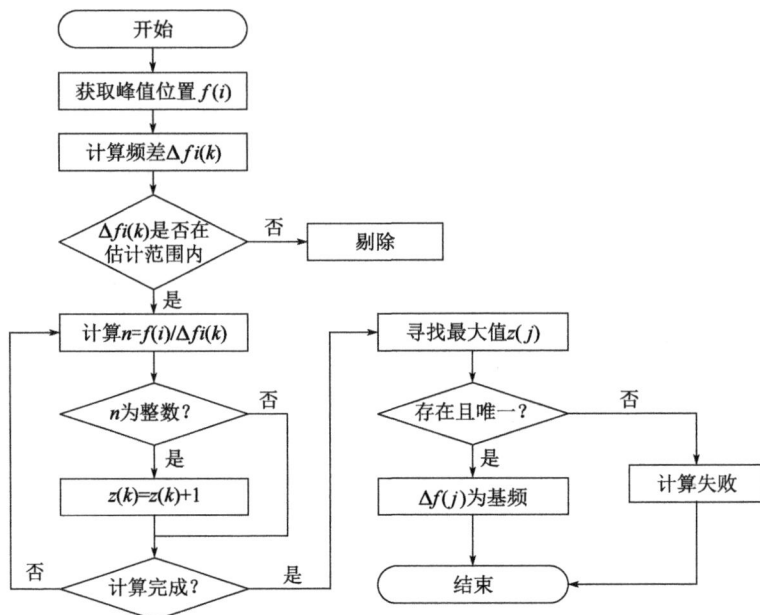

图 3-10 频差法求基频流程图

3)迭代法

迭代法是一种更为复杂但适用性更广的方法。它通常涉及一个迭代过程，通过不断调整基频的估计值，并计算相应的误差或残差，找到一个满足一定条件的解。迭代法可以处理更为复杂的振动信号，包括那些具有非线性特性或受到噪声干扰的信号。虽然这种方法在计算上可能更为复杂，但其强大的适应性和准确性使其成为基频识别领域中的一种重要工具。其具体方法如下：

（1）从频谱图中选择一个幅度最大的谐振峰，记录它的频率 nf，即 n 阶自振频率。先假定它是体外索基频的第 n' 阶（可能等于 n，也可能不等于 n）。

（2）根据谐振频率形成的谐振峰，算出假定基频：

$$f_{re}=\frac{f_{max}}{n}$$

由该式可知：如果各次谐振峰与假定基频 f_{re} 之比非常接近整数，则此时可以认为 f_{re} 就是拉索的基频 f；否则可将 n 加 1 或者减 1，再代入计算，直到找出基频 f。若此时找不出符合条件的 n，则说明信号中干扰成分太大，只能重新采集体外索振动数据，再次重复以上过程。迭代法流程图如图 3-11 所示。

采用迭代法更符合弦振动理论，而且计算效率高。因为选择的 f_{max} 是谐振峰中幅值最大的，干扰对它的影响要小；另外，基频 f 是 f_{max} 除以 n 求得的，即使 f_{max} 与实际 n 倍基频 nf 有 Δf 误差，相除以后误差变为 $\Delta f/n$。

在深入探索拉索基频及其各阶谐振频率特性的基础上，对频谱峰值法、频差法以及迭代法进行深入分析和比较，我们推荐在基频数据处理中采用迭代法，迭代法将为相关领域的研究和工程实践提供更加准确和可靠的数据支持。

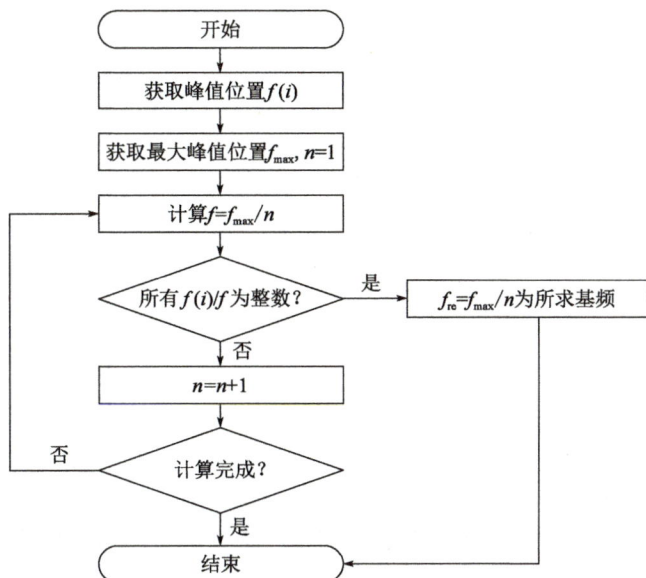

```
                    ┌─────────────────┐
                    │      开始        │
                    └────────┬────────┘
                             │
                    ┌────────┴────────┐
                    │  获取峰值位置 f(i) │
                    └────────┬────────┘
                             │
              ┌──────────────┴──────────────┐
              │ 获取最大峰值位置 f_max, n=1      │
              └──────────────┬──────────────┘
                             │
          ┌──────────────────┤
          │        ┌─────────┴─────────┐
          │        │  计算 f=f_max/n     │
          │        └─────────┬─────────┘
          │                  │
          │            ╱─────┴─────╲        是      ┌──────────────────────┐
          │          ╱ 所有 f(i)/f 为  ╲─────────────▶│ f_re=f_max/n 为所求基频 │
          │          ╲   整数?       ╱              └──────────┬───────────┘
          │            ╲─────┬─────╱                          │
          │                  │ 否                             │
          │        ┌─────────┴─────────┐                      │
          │        │      n=n+1         │                      │
          │        └─────────┬─────────┘                      │
          │                  │                                │
          │ 否         ╱─────┴─────╲                           │
          └──────────╱  计算完成?    ╲                          │
                     ╲─────┬─────╱                            │
                           │ 是                               │
                    ┌──────┴──────┐                           │
                    │    结束      │◀──────────────────────────┘
                    └─────────────┘
```

图 3-11　迭代法流程图

3.5　本章小结

　　本章深入探讨了体外预应力筋(束)的监测技术,涵盖了监测技术的核心监测原理、不同测量方法的对比分析以及振动频率法在测量拉索索力方面的力学理论推导。监测作为确保加固成效与结构安全不可或缺的环节,能够实时追踪体外预应力加固过程中的应力变化、结构变形及振动模态等关键性参数,为结构状态的精准把控提供有力支撑。

　　本章详细阐述了压应力法、磁通量法、振动法等多种测量方法的优势与局限,旨在为读者呈现一个全面而客观的比较视角。尤其振动频率法作为一种广泛应用的索力测量手段,对深厚的理论基础与丰富的实践经验进行了详尽的介绍。

　　通过综合运用上述监测技术,我们能够科学、有效地评估体外预应力加固的实际效果,从而确保桥梁结构的安全性与稳定性。

第4章

监测系统设计、部署及日常运维

4.1 监测系统架构设计

本研究所采用的监测系统采用分层架构设计,旨在实现对桥梁健康状况的全面监测与评估。监测系统架构主要分为感知层、传输层、数据处理层和应用层,各层之间相互协作,形成一个高效、可靠的系统。监测系统总体架构如图4-1所示。

4.1.1 感知层

感知层是监测系统的基础,负责实时采集桥梁的各项关键数据。该层部署在桥梁上的传感器节点上,主要包括加速度传感器(Accelerometer)、挠度传感器(Deflection Sensor)、数据采集器(Data Acquisition Unit)和电源模块(Power Supply Module)等核心组件。

(1)加速度传感器作为感知层的重要组成部分,安装在预应力加固索上,专用于采集预应力加固索的振动信号。加速度传感器通过获取振动频率数据,能够有效地分析评估加固索的工作状态及其对桥梁整体结构的影响。这一数据对于判断桥梁的动态性能和安全性具有重要意义。

(2)挠度传感器被安装在桥梁的关键部位,用于监测桥梁挠度的变化。挠度传感器能够实时监测桥梁在使用过程中的变形,为桥梁的安全评估提供可靠的数据支撑。

(3)数据采集器是连接传感器与数据处理中心的桥梁,负责采集和处理来自各个传感器的信号。它通过无线(Wireless Network)或有线(Wired Network)传输方式将数据传输至数据处理中心,确保数据的时效性和准确性。这一过程不仅能提高数据传输效率,还为后续的数据分析和决策提供了基础资料。

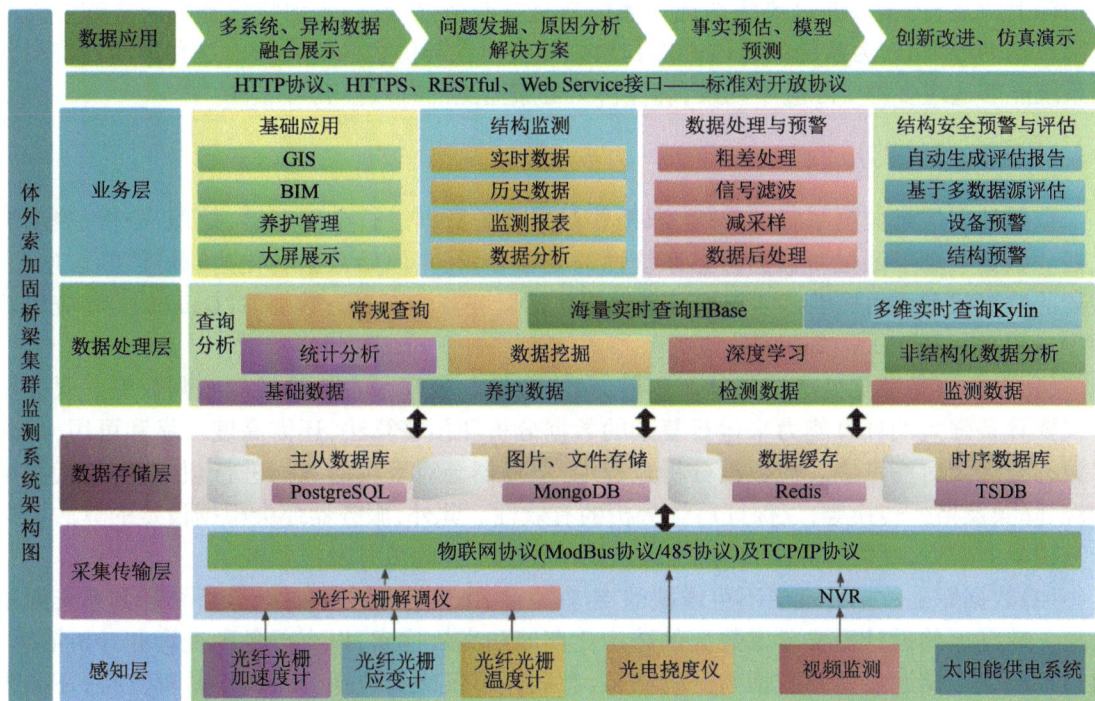

图4-1　监测系统架构图

（4）电源模块为整个传感器节点提供稳定的电源供应。为了适应不同的环境，电源模块可采用太阳能供电或市电供电，确保系统在各种条件下的正常运行。

得益于上述组件的协同工作，感知层能够高效地完成桥梁关键数据采集，为后续的数据分析和决策制定提供坚实的基础。

4.1.2　传输层

传输层在监测系统中扮演着至关重要的角色，主要负责将感知层所采集的桥梁数据可靠、稳定地传输至数据处理中心。为了满足不同环境和应用场景的需求，传输层可以采用无线或有线等多种传输方式。

无线网络是传输层的一种重要选择，主要适用于那些部署环境受限或需要高度灵活性的场合。无线传输方式包括4G/5G网络、窄带物联网（NB-IoT）和长距离无线传输（LoRa）等技术。这些技术不仅实现了远程数据传输，避免了复杂的布线和高昂的成本，还能为那些难以接入有线网络的区域提供稳定的数据连接。例如，4G/5G网络凭借其高速率和广覆盖性，能够实时传输大量数据，而NB-IoT和LoRa则在低功耗和长距离传输方面表现优异，适用于对能耗要求较高的传感器节点。有线网络则是传输层的另一种选择，通常包括光纤和以太网等技术。这些有线传输方法能够提供更大的带宽和更稳定的数据传输能力，特别适合那些数据量庞大且对传输质量有较高要求的应用场合。光纤网络在高速数据传输和抗干扰能力方面优势显著，能够确保数据的快速、稳定传输，尤其适用于需要实时监测和分析的场合。以太网则因其应用广泛、技术成熟而成为众多监测系统的首选。

综上所述,传输层通过灵活地选择无线或有线网络,能够高效地将感知层采集的数据传输至数据处理中心,为系统的整体性能和数据的实时性提供稳固的支持。这种灵活性使得监测系统能够适应多种实际应用场景,确保桥梁健康监测的有效性和可靠性。

4.1.3　数据处理层

数据处理层是监测系统的中枢,承担着对采集的数据进行全面存储、处理、分析、展示的重任。数据处理层通过对数据信息系统性的处理分析,将原始数据转化为有价值的信息,为桥梁的健康状态评估提供科学依据。其主要包括服务器(Server)、数据库(Database)和应用软件(Application Software)等组件。

(1)服务器是数据处理层的核心组件,负责存储和处理来自传输层的监测数据。服务器不仅要具备强大的计算能力来运行复杂的数据分析和预警算法,还需高度可靠和可用,以确保数据处理及时而准确。在数据分析过程中,服务器会对采集的数据进行预处理,包括数据清洗、降噪及格式转换等,以保证后续分析的有效性。此外,服务器还会根据设定的算法模型计算桥梁的索力,评估其健康状况,及时识别潜在的安全隐患并发出预警。

(2)数据库是数据处理层不可或缺的支撑,主要用于存储原始数据、分析结果和系统配置信息。数据库的设计需要考虑数据的结构化存储和高效检索,以支持各种查询和分析需求。通过系统化存储原始监测数据与分析结果,数据库不仅能为数据分析提供基础支持,还能为历史数据的查询和比对提供便利。此外,为防止数据丢失或损坏,确保监测系统稳定运行,数据库的安全性和备份机制也至关重要。

(3)应用软件是数据处理层的前端展示部分,具备数据可视化、预警信息推送、历史数据查询和报表生成等功能。通过友好的用户界面,应用软件能够将复杂的监测数据以图表、图像和报告等直观形式呈现给用户,便于用户理解。同时,应用软件还能生成实时预警信息,及时通知相关人员采取必要措施,规避潜在的安全风险。历史数据查询功能则允许用户深入分析过往数据,协助用户识别桥梁的健康趋势和潜在问题,为桥梁的维护与管理提供决策支持。

综上所述,数据处理层通过服务器、数据库和应用软件的协同工作,实现了对监测数据的全面处理与分析,为桥梁的健康评估、管理与维护提供了强有力的依据,确保监测系统在实际应用中的有效性与可靠性。

4.1.4　应用层

应用层是监测系统的核心,具有数据可视化、实时预警信息推送、历史数据查询等功能。用户能够通过应用层直观地了解桥梁的健康状况,及时获取重要信息,并据此作出科学决策。应用层的功能模块包括数据采集与传输模块、数据预处理模块、索力计算模块、预警系统、桥梁健康评估模块和可视化平台等,每个模块在监测系统中都发挥着至关重要的作用。

(1)数据采集与传输模块是应用层的基础,负责从各种传感器获取实时监测数据并将其打包、加密、传输。该模块的工作流程涉及多个环节。传感器定期采集桥梁的振动、位移、温度等关键参数,将这类原始数据整理后形成标准化的数据包。为使数据安全、完整地传输,不致篡改或丢失,数据采集与传输模块会对其进行加密处理。通过数据采集与传输模块,用户能够实时获取桥梁的监测数据,为后续的分析处理准备丰富的信息资料。

(2)原始数据在采集过程中常常受到环境噪声和其他因素的干扰,这可能导致收集的数据不完全准确和可靠。数据预处理模块采用先进的信号处理技术,通过去噪、滤波等技术手段,从原始数据中剔除不必要的干扰成分。此外,温度变化对传感器数据的影响也是必须考虑的因素,数据预处理模块会根据实际情况实施温度补偿,以确保最终输出的数据能够最大限度地反映桥梁的真实状态。经过一系列预处理后,数据质量得到了显著提升,为后续的索力计算和健康评估打下了坚实的基础。

(3)索力计算模块根据加固索的振动频率和桥梁挠度,利用预先建立的索力-频率-挠度关系模型来计算索力值。基于实时监测反馈的振动频率和挠度数据,索力计算模块能够有效推算出桥梁加固索的实际索力。索力的变化直接关系桥梁的安全性和稳定性,因此,准确的索力计算程序对于桥梁的健康评估至关重要。索力计算模块采用先进的算法和模型,确保计算结果的准确性和时效性,为后续的健康评估提供数据支持。

(4)预警系统能在监测数据超过预设阈值时,及时地向管理人员发送预警信息,并提供相应的处理建议。预警系统能通过实时监测数据的分析结果快速识别出潜在的风险,使管理人员在第一时间采取必要措施,防止事故发生。预警信息推送与风险控制建议有利于管理人员高效应对突发情况,维护桥梁整体的安全性。

(5)桥梁健康评估模块会依据计算得到的索力值、预设的阈值以及历史数据完成桥梁结构的健康状况评估,并生成详细的评估报告。桥梁健康评估模块将评估结果与预设的安全阈值进行比对。若发现桥梁健康状况异常,桥梁健康评估模块将自动生成预警信息,并通知相关人员开展更深入的检查,采取相应的处理措施,确保桥梁安全。

(6)可视化平台集成了监测数据展示、历史数据检索、报表创建等多项功能。它将复杂的监测数据以图表形式直观展现,使用户能够便捷地理解和分析桥梁的健康状况。通过可视化界面,用户能够轻松访问历史数据并生成状态报告,进而据此进行分析和决策。可视化平台的设计注重提升用户体验,旨在让用户更好地掌握桥梁的健康信息,从而提升桥梁维护与管理的效率。

4.2 监测系统部署

4.2.1 前期准备工作

1)现场勘查

现场勘查处于系统部署的前期准备阶段,主要目的是为安装传感器和制订数据传输方案打基础。经过现场勘查,团队可以明确传感器的安装位置、数量、类型,敲定方案细节。现场勘查还需评估现场的环境条件,包括温度、湿度、电磁干扰等因素,以便选择合适的传感器类型。勘查过程中,团队需要全面了解桥梁的结构形式、尺寸、材料等基础信息,这些信息将成为遴选和布局传感器的决定性因素。团队还需确定加固索的布置位置、数量、规格以及初始张拉力等参数,确保监测系统能够准确反映桥梁的健康状况。在选择传感器安装位置时,团队将优先考虑最能有效捕捉桥梁动态特征的点位,确保传感器传递的信号真实有效、特征明确。团队将根据现场环境的评估结果,按实际情况选择类型和防护等级合适的传感器,提升监测系统的稳定程度。数据传输方面,团队将依照实际环境选择传输方式和路径,尽可能保证传输及时且稳定。勘查过程中,也有必要记录现场相关数据和拍摄照片,为后续的系统设计和实施提供参考依据,确保监测系统部署的顺利进行。

2)资料收集

在完成现场勘查后,资料收集阶段将为系统配置和模型建立提供基础数据。该阶段的目标是确保收集到所有必要的资料,以支持后续的系统设计和运行。团队将收集桥梁的设计图纸、施工资料以及竣工验收资料等相关文件,以便获取监测系统配置所需的重要背景信息。此外,测量加固索的实际长度、横截面积和材料特性等参数也是这一阶段的重要内容。准确测量这些参数,可以确保后续数据分析的可靠性和有效性。为了进一步提高监测系统的准确性,团队还可以开展配套试验,以获取加固索实际的振动频率和索力之间的关联曲线。这些试验数据将为后续的模型建立提供重要的依据,确保系统准确反映桥梁的健康状况。

3)硬件设备选型

在硬件设备选型阶段,团队将根据项目需求和现场条件,挑选合适的设备型号和规格。选择设备时需遵循一定的原则,以确保所选设备能够满足监测要求。首先,设备的精度必须满足监测精度的要求,从而保证数据的准确性。其次,设备的稳定性和适应性至关重要,以应对现场环境的各种挑战。再次,成本也是一个重要考量,设备选择应经济合理,避免不必要的开支。最后,兼容性也是关键,所选设备需与系统其他部分良好配合,确保整体系统的顺畅运行。

具体而言,团队将选用加速度传感器、挠度传感器、数据采集器、电源模块和传输设备等关键硬件。同时,确定服务器配置和数据库类型是本阶段的重要任务,以确保后续数据的存储和处理能够高效进行。通过这一系列的准备工作,团队为系统的顺利部署奠定了坚实的基础。

4.2.2 传感器安装

1)加速度传感器安装

加速度传感器的安装是桥梁健康监测系统有效运行的核心环节。为确保监测精度和维护便捷性,选择安装位置(图 4-2)时应综合考虑以下因素:

(1)选择敏感位置。通过分析桥梁的振动模式,选择振动响应显著的位置,以提升加速度传感器的灵敏度和数据准确性。

(2)充分捕捉动态响应。加速度传感器应安装在能够捕捉到更多阶振型的位置,以便充分获取结构的动态响应数据。

(3)避免外部干扰。避开锚具、连接件等可能产生结构性干扰的区域,从而降低外界因素对测量结果的影响。

(4)便于维护和检修。安装位置应便于技术人员的日常检查和维护,确保加速度传感器易于访问,以支持定期检修和故障排查。

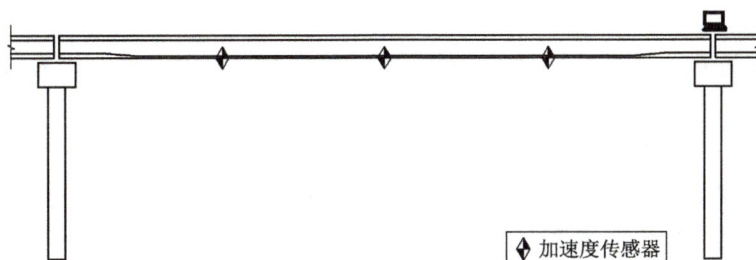

图4-2 加速度传感器推荐安装位置

在固定方式的选择上,螺栓连接是一种常用的安装方法,适用于基座稳固的场合,能够提供良好的固定效果。在空间有限时,更宜采取焊接固定,这样既能节省安装空间,还能确保加速度传感器的稳固。而磁吸固定则适用于临时安装或需要频繁拆卸的场合,具有灵活性,便于快速安装和拆卸。合理选择固定方式能显著提高加速度传感器的使用效率和可靠性。

在安装过程中,必须保证加速度传感器安装牢固,避免松动导致测量误差。同时,保持加速度传感器的清洁非常重要,灰尘、油污等污染物可能影响测量精度,因此应定期清洁。此外,连接加速度传感器信号线时,应确保连接准确,并做好防水防潮处理,以防止环境因素干扰信号传输。合理安装和维护,可以有效提高加速度传感器的准确性和可靠性,确保桥梁健康监测系统的顺利运行。

2)挠度传感器安装

挠度传感器的安装位置(图4-3)至关重要,直接关系测量的精确度和有效性。安装时,应精准选取桥梁梁体、板件或关键受力点中心等挠度变化最为明显的结构部位进行布置,这些位置能更准确地反映结构在荷载作用下的形变状况。同时,需确保挠度传感器远离强电磁场、振动源等潜在干扰源,并综合考量环境因素,选择适宜的工作环境,避免高温、高湿及腐蚀性气体等对挠度传感器造成损害,保障其长期稳定运行。

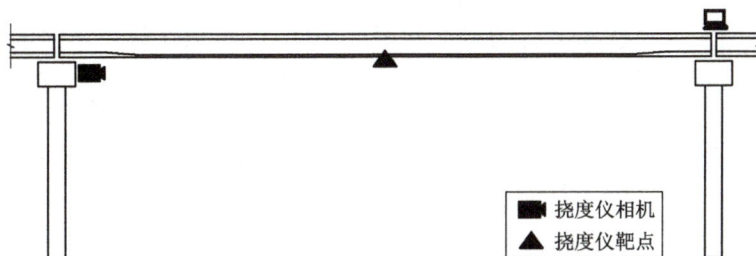

图4-3 挠度传感器推荐安装位置

在固定方式上,机械固定因其稳固、可靠而被广泛采用,通过螺栓、夹具等将挠度传感器紧密固定于结构表面,确保良好的接触与信号传递。此外,黏结固定也不失为一种有效的选择,即利用高强度黏合剂将挠度传感器粘贴于测量位置,提升其稳定性。为进一步加强保护,可根据需要加装保护罩,有效防止机械损伤及环境因素对挠度传感器的不良影响,延长其使用寿命。

安装过程中,校准工作不可或缺,应确保挠度传感器在安装前经过精确校准,以保障测量精度。同时,安装角度需准确,避免角度偏差导致测量误差。在电缆管理方面,应合理规划电缆布局,避免交叉、扭曲或受压,以确保信号传输的稳定性。安装完成后,还需定期检查挠度传感器的工作状态,及时发现并处理潜在问题,从而提升桥梁健康监测系统的有效性和可靠性。

3）环境传感器安装

环境传感器的安装位置选择、固定方式和注意事项对数据的准确性和稳定性具有显著影响。

在选择安装位置时，空气流通是一个重要的考虑因素。环境传感器应安装在通风良好的区域，避免死角和遮挡物，以便有效测量空气质量、温度、湿度等参数。高度方面，通常建议将温度和湿度传感器安装在离地面1.5~2m的高度，这样能更好地模拟人类的呼吸层，获取更典型的数据。此外，远离污染源也是安装时的基本考量。环境传感器应尽量远离排气口、化学品存储区和热源，以免测量结果受其干扰。选择具有代表性的地点进行安装也极为必要，这样可以确保所测数据真实反映整体环境的状况，提供更为准确的监测信息。环境传感器推荐安装位置示意图如图4-4所示。

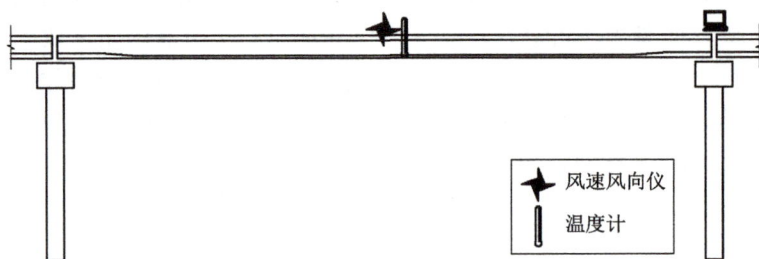

图4-4　环境传感器推荐安装位置

在固定方式的选择上，机械固定是普遍且有效的手段，即使用螺钉、夹具或支架将环境传感器牢固地安装在墙面、支架或其他结构上，使其稳固且耐用。根据环境传感器的设计特点，壁挂或立柱安装也是可行的方案，可以降低外界对环境传感器的影响，减少外部冲击导致的损坏风险。为了进一步保护环境传感器，必要时可以加装防护罩，以防止雨水、灰尘和其他环境因素的侵袭，延长环境传感器的使用寿命。

环境传感器的安装应选择适宜的温度和湿度条件，以防止外部环境因素对其造成损害。关于仪器的校准、连接线和电缆的安装细节，以及清洁和定期检查的要求，应与挠度传感器的相应标准保持一致。

4.2.3　数据传输网络搭建

1）有线网络搭建

有线网络搭建（Wired Network Setup）适用于那些桥梁附近已设有光纤或以太网等有线网络资源的环境。这种环境通常能够提供稳定的网络连接，确保数据的可靠传输。进行有线网络搭建时，首先要根据数据采集器和服务器的网络接口类型来选择合适的网络线缆，包括光纤和网线。光纤适用于长距离传输，能够提供更高的带宽和更低的延迟；网线适用于短距离传输，且安装更为便捷。

在选择好合适的网络线缆后，需将其连接至数据采集器和服务器的网络接口，确保连接稳定且无误。此时，配置数据采集器和服务器的IP地址是非常重要的一步，确保两者在同一网络段内，以便实现有效通信。配置完成后，用专用的网络测试工具测试数据的传输速度，以验证网络的稳定性和传输速率是否满足实时监测的需求。

通过以上步骤,可以构建一个高效且稳定的有线网络环境,为之后的数据采集和监测打下坚实的基础。

2)无线网络搭建

在桥梁监测中,无线网络搭建(Wireless Network Setup)适用于桥梁附近缺乏有线网络资源或需要灵活部署的场景。这种场景下,选择合适的无线传输方案变得尤为重要,常见的选项包括4G网络、5G网络、NB-IoT和LoRa等。不同的无线技术具有各自的优势和适用范围。例如,4G网络、5G网络以高数据传输速度和低延迟为特点,适合实时监测;而NB-IoT和LoRa则在低功耗和广域覆盖方面表现突出,适合长期监测和远程数据传输。

确定了合适的无线传输方案之后,下一步就是搭建相应的无线网络环境。这包括购买无线路由器、申请运营商的网络服务或配置相关的无线设备。选择无线路由器时,需要考虑其覆盖范围和传输能力,确保能够覆盖所有监测点,并提供稳定的信号。此外,在向运营商申请网络服务时,应根据实际需求挑选合适的套餐,以保障数据传输的流畅性。

设置数据采集器和服务器的无线网络连接参数是保证数据传输稳定和可靠的关键步骤。必须正确配置无线网络的服务集标识(SSID)、密码及其他相关参数,确保数据采集器和服务器能够顺利连接。完成配置之后,要利用专用测试工具测试数据传输速度和信号强度,以验证其是否满足实时监测的需求。

通过以上步骤,可以成功搭建一个灵活且高效的无线网络环境,为桥梁监测数据的实时传输提供有力支持。

3)网络安全注意事项

在搭建和维护网络时,需高度重视数据传输过程的安全性。这可以通过安全的网络协议和加密算法来实现。使用如HTTPS、SSL/TLS等协议能够有效地保护数据在传输过程中的机密性和完整性,避免数据被窃取或篡改。应用强加密算法对传输的数据进行加密,也可以进一步提升网络的安全性——即使数据在传输过程中被截获,攻击者也难以解读其中的内容。这种多层次的安全措施能显著降低数据泄露的风险,维护监测数据的安全性。

在网络访问权限控制方面,设置合理的权限管理机制是防止未授权用户访问系统数据的有效手段。严格的用户身份验证和访问控制策略可以确保唯有授权用户才能访问敏感数据和系统功能。这包括使用强密码、双因素认证及定期审查用户权限等措施,以降低内部和外部威胁。同时,监控和记录用户的访问行为,有助于及时发现并应对潜在的安全事件,从而进一步增强系统的安全防护性能。

定期更新网络设备的硬件和软件也是维护网络安全的重要措施。网络设备和应用程序常常存在安全漏洞,可能会被黑客利用进行攻击。定期检查和更新设备的硬件和软件版本,可以修复已知的安全漏洞,增强设备的防御能力。此外,及时应用安全补丁和更新,不仅能防范潜在的安全威胁,还能提升网络设备的性能和稳定性。这种持续的安全维护策略是确保网络环境安全可靠的基石。

4.2.4 数据处理系统搭建

在搭建数据处理系统时,服务器配置是关键环节。选择合适的服务器硬件需要综合考虑多个因素,包括存储容量、处理速度以及分析性能等。根据具体应用需求,可能需要配置高性能的多核处理器、大容量内存以及高速的固态硬盘(SSD)或网络附加存储(NAS)设备,以高效处理和分析海量数据。

服务器硬件准备完成后,下一步任务是安装操作系统。常用的服务器操作系统包括Windows Server以及多种Linux发行版,如Ubuntu、CentOS或Red Hat Enterprise Linux等。选择合适的操作系统将为后续的软件安装、系统管理以及稳定运行奠定良好的基础。

接下来,需要安装数据库软件,如MySQL、PostgreSQL或MongoDB等,这些数据库系统能够高效存储、管理和检索数据,适用于不同规模和类型的数据处理场景。在安装数据库软件时,应严格按照官方文档进行操作,包括创建数据库实例和用户账户,并为不同用户设定细致的访问权限,以维护数据安全性、提高管理的灵活性和便捷性。

在安装数据库软件之后,必须正确配置服务器的网络连接,包括IP地址、DNS解析以及防火墙设置等,以确保服务器能够稳定连接数据传输网络,保证数据传输畅通。

随后,需要安装数据采集软件、数据处理与分析软件以及数据可视化平台软件(如Apache Hadoop、Spark、Elasticsearch和Kibana等),从而实现对数据的全面采集、管理、分析与呈现,为后续数据挖掘与业务决策提供坚实保障。

此外,还需要采取全面的安全措施来维护数据安全。首先,使用数据库强密码是保护数据安全的重要步骤,强密码应包含字母、数字和特殊字符,并定期更新以提高安全性。其次,合理设置数据访问权限,通过角色与权限管理严格限制用户访问特定数据,防止未授权用户访问或修改数据库数据。最后,定期进行数据备份并制订数据恢复策略,以确保数据安全。这不仅能在意外数据丢失时快速恢复系统,还能有效降低数据安全风险。

通过以上步骤和安全措施,才能搭建一个高效、安全且稳定的数据处理系统。

4.2.5　系统调试

1)传感器调试

传感器调试是系统调试的核心环节,其核心目的在于全面验证传感器的功能状态,确保其信号采集的精确度和可靠性达到最佳水平。

传感器调试工作的首要步骤是将传感器稳妥地连接到数据采集器,并接通电源,以此初步确保传感器顺利启动并正常运行。紧接着,利用专业的数据采集软件,对传感器的信号波形进行细致监测,通过比对波形特征与正常标准,以及评估信号的预期达成效果,判断传感器的初步工作状态。

在此过程中,模拟测试扮演着重要的角色。具体而言,通过人为施加振动或模拟挠度变化等外部激励,密切观察传感器信号的响应动态,以此来检验传感器在实际应用场景中捕捉环境变化的能力是否精准可靠。

最终,为了确保测量精度严格符合既定要求,必须对传感器实施严格的校准,从而确保其输出的测量值准确无误,为系统的后续运行提供坚实可靠的数据支撑。

2)网络调试

网络调试作为系统调试的关键组成部分,其核心目标在于验证数据传输网络的连接状态,确保数据传输的畅通无阻。

在这一阶段,首要任务是测试数据采集器与服务器之间的网络连接。这一步骤至关重要,它直接关系数据能否准确无误地传输至指定位置。紧接着,需要对数据传输速度进行严格测试,以确保其满足实时监控的需求,确保信息的时效性和准确性。

此外,网络信号强度的检测同样不容忽视,因为稳定且强大的信号是系统平稳运行的有力保障。只有确保信号强度达到标准,才能有效避免信号波动或中断而导致的系统异常。

同时,网络安全措施的实施是网络调试中不可或缺的一环。采取严密的网络安全策略,可以全方位保护数据传输的安全性和隐私性,有效防范数据在传输过程中可能遭受的攻击或泄漏,为系统的整体安全保驾护航。

3)软件调试

软件调试扮演着确保系统软件功能完备与数据处理准确无误的核心角色。其核心使命在于全面验证软件功能的有效性,以及保障数据从采集、传输、存储到处理各环节的准确无误。

在这一精细过程中,输入模拟数据成为一个至关重要的步骤。它不仅全面检验了数据采集、传输、存储及处理的全链条流程,还确保了每一个细节环节都能稳定运行,不出丝毫差错。这一举措对于打下坚实的数据处理基础至关重要。与此同时,测试索力计算模型的准确性也是不可或缺的一环。这一步骤旨在确保在实际应用中,模型能够输出准确无误的计算结果,为决策提供坚实的数据支撑。此外,预警系统的灵敏度和准确性测试同样意义重大。它旨在确保系统能够迅速捕捉到异常数据,并及时发出警报,从而有效防范潜在风险,确保系统平稳运行。

验证可视化平台的功能同样不容忽视。这一步骤确保了数据展示和查询功能的正常运作,能够为用户提供清晰、直观的数据分析结果,助力用户作出更加精准的决策。

4)综合测试

综合测试作为系统调试的终极阶段,其核心目的在于全面验证系统整体功能,并确保系统能够充分满足实际监测的各项需求。在这一关键环节,我们可以开展模拟监测试验,如模拟加固索索力的变化,细致观察系统的响应情况,以此预测系统在真实应用场景中的表现。同时,根据具体条件,我们可以进行现场测试,从而更直观地评估系统在实际应用中的功能与性能是否稳定可靠。测试完成后,需精心撰写测试报告,详细记录测试结果及发现的问题,为后续的系统优化与改进提供有力的依据。

这一系列调试工作为系统的顺畅运行奠定了坚实的基础。

4.2.6 系统部署

系统部署阶段旨在确保系统所有软、硬件组件和功能模块在实际环境中顺畅运行,并达到既定的监测与使用要求。这一阶段的核心任务包括对系统的安装和调试进行最终确认,并确保经过全面测试后的系统能够稳定可靠地投入实际运行。

首先,应详细规划和实施部署策略,包括明确部署环境需求、明确部署任务的先后顺序、制订风险预案等。部署过程需严格遵循系统设计方案,确保软硬件组件的正确安装与连接,保证系统整体协调一致。

部署完成后,应开展实际环境下的系统运行测试。这些测试与前期调试阶段的模拟测试有所不同,其核心目的是验证系统在真实负载条件和具体应用环境中的运行状态和稳定性。例如,针对特定监测场景进行长期稳定性测试、环境适应性测试和负载压力测试等,以全面考察系统的实际表现。

在完成测试后,需要撰写详细的系统部署报告。报告应涵盖部署过程中的关键步骤、环境配置参数、遇到的问题及相应的解决措施,同时记录系统在真实应用条件下的性能表现。部署报告的编写不仅有助于系统的日常运维管理,也为未来系统升级和问题追溯提供明确依据。

最终阶段是进行严格的系统验收。验收过程中,项目相关方需对系统的功能、性能、稳定性、安全性和用户友好性等多个维度进行全面评估。验收结果必须达到项目设计要求和实际监测需求,确认系统的整体效能和稳定性达到预期标准,从而确保系统能够顺利移交并投入实际应用。

4.3　监测系统维护

4.3.1　日常巡检

日常巡检是保证监测系统正常运行的关键环节,定期检查监测系统有助于及时发现并解决潜在故障,防止潜在故障对监测系统的稳定性和可靠性造成影响。通过系统化的巡检流程,运维团队能够全面掌握监测系统的健康状态,为后续的维护和优化工作提供数据支持。

1)传感器状态检查

在进行传感器状态检查时,首先,确保传感器连接牢固,检查其是否出现松动、脱落或损坏。其次,观察传感器的指示灯显示是否正常,以判断其工作状态,并监测信号的稳定性,保证数据传输的准确性。最后,检查传感器周围环境是否存在干扰因素,如有无遮挡物阻碍信号传输。如有必要,可以使用专用测试设备对传感器进行性能测试,确保其在实际应用中持续稳定地运行。

2)数据传输网络检查

数据传输网络检查是保证信息流畅传递的关键步骤。首先,需要确认网络连接、数据传输速度和信号强度是否处于正常状态。运维人员应使用网络测试工具测试网络连接速度和延迟,以确保网络性能达标。其次,需要检查路由器、交换机等网络设备的运行状态是否正常。最后,查看网络日志,检查是否有异常事件记录,以便及时发现并处理潜在的网络故障,保证数据传输的安全与稳定。

3)数据处理中心检查

运维人员需要定期检查中心服务器运行状态,包括监控CPU、内存和硬盘的占用率,以维持服务器的良好运行。此外,运维人员需检查数据存储空间是否充足,及时进行数据清理,减少资源浪费。查看服务器日志是了解系统健康的重要手段,通过分析日志可以发现系统是否存在故障或异常。同时,应将服务器的防病毒软件和安全软件更新至最新版本,以有效防御网络攻击,保护数据安全。

4)数据备份检查

数据备份检查是确保数据安全的重要措施。首先,确认数据库备份功能是否正常、备份文件是否完整,以防数据丢失或在损坏时及时恢复。其次,定期检查备份文件的更新情况,以保证备份数据的完整性。最后,检查备份数据的存储路径,保持备份数据的可访问性,避免存储故障导致备份数据无法使用。以上措施有助于在紧急情况下快速恢复系统运行。

为了维护系统的稳定性,建议每季度至少进行一次全面的巡检,或与桥梁巡检同步进行。重要项目可以适当提高巡检频率,以增强系统在长期运行中的可靠性和安全性,及时发现并解决潜在问题。日常巡检使运维团队能够持续监控系统的健康状态,进而为用户提供更优质的服务。

4.3.2 故障排除

在监测系统运行过程中,不可避免地会出现各种故障,因此及时排除故障是保证监测系统正常运行的关键。故障排除不仅需要运维人员具备相应的技术知识,还需要其熟悉方法步骤,确保能够迅速、有效地定位问题并及时解决。通过合理的故障排除流程,运维人员能够最大限度地减少监测系统停机时间,提高监测系统的可靠性和用户满意度。

1)排除方法

(1)系统日志分析

系统日志分析是故障排除的重要步骤之一。系统日志记录了监测系统运行过程中的各种事件,包括错误信息、警告信息和操作记录等。查看和分析系统日志有助于运维人员获取故障发生的部位、时间、原因等关键信息,为故障排查提供重要线索,有助于快速定位问题所在,进而制订相应的解决方案。

(2)网络测试

网络测试是另一项重要的故障排除方法。运维人员需要测试网络连接是否正常,并检查数据传输速度的稳定性。运维人员可以使用 ping 命令、网络测试工具等手段来测试网络连接的连通性、速度和延迟等指标。运维人员依据测试结果判断网络故障的类型及原因,并采取相应的措施完成网络修复。

(3)传感器测试

排除故障时,应对传感器实施检测。运维人员使用专用测试仪器测试传感器的功能是否正常、信号采集是否准确。同时,运维人员需检查传感器的连接线是否完好,有无短路、断路等情况。若条件允许,可以模拟传感器信号测试数据采集器的信号处理能力,以验证数据的准确性。

(4)数据处理软件测试

在故障排除过程中,需要对数据处理软件进行故障检测。运维人员可以利用模拟数据进行测试,以验证软件的功能和计算结果的准确性。同时,运维人员应检查软件的配置参数是否正确设置。此外,确认软件版本是否为最新,并及时更新以修复潜在漏洞,这也是保障系统稳定的重要措施之一。

(5)外部环境检查

外部环境的影响也不容忽视。运维人员应检查传感器和网络设备周围的环境,排除外部环境对系统的影响,如环境温度、湿度和电磁干扰等,确保环境因素数据处于正常范围内,以防传感器和网络设备受到干扰,进而提高系统的稳定性。

2)故障及解决方法

(1)传感器故障

传感器故障是常见的问题之一。首先,需要检查传感器的连接线是否松动或损坏,如有必要可重新连接或更换连接线。同时,检查传感器是否被遮挡,移开遮挡物以确保其正常工作。此外,确认传感器的工作环境(如温度、湿度等)是否符合要求。若以上方案均无法解决问题,则可能需要更换传感器,恢复系统的正常运行。

(2)网络故障

网络故障同样是影响系统运行的重要因素。首先,检查网络连接是否正常,并尝试重新连接网络线缆。重连后若问题依然存在,可以重启路由器或服务器,尝试恢复网络连接。此外,还需检查网络设置,确保 IP 地址、网关和域名系统(DNS)等参数设置正确。如果网络设备出现故障则需要更换故障设备。

(3)软件故障

软件故障可能导致系统无法正常运行,因此需要定期检查软件版本是否为最新版,及时更新软件以修复漏洞。如果问题依然存在,可以尝试重新安装软件,确保软件完整。此外,需要检查软件的配置参数,确保其设置正确。若以上方案都无法解决问题,可以联系软件供应商寻求技术支持。

(4)数据丢失

一旦发生数据丢失,应首先尝试恢复备份数据,尽量减少损失。若数据无法自行恢复,需及时联系技术支持人员寻求帮助。此外,确保备份数据的完整性和可用性,能够为数据恢复提供更多保障。

通过以上的故障排除方法和解决方案,运维人员能够有效应对系统运行中发生的各种故障,确保系统的稳定与安全。

4.3.3 数据管理

数据管理在监测系统中发挥着核心作用,它负责保障数据的完整性和有效性,并支持数据分析和决策过程。恰当的数据管理策略,可以保证数据的安全与可靠,从而提高监测系统的整体效能。数据管理主要包括数据备份、数据整理、数据分析和数据报告等四个方面。

1)数据备份

数据备份是保证监测数据安全的重要措施。定期备份监测数据有助于避免意外情况造成数据丢失。为实现数据的有效备份,需要确定合适的数据备份方式,包括数据库备份和文件备份。针对不同种类的数据,应采用相应的备份策略。此外,制订详细的数据备份计划,明确备份的具体频率和时间节点,可以确保数据在指定时间内得到及时备份。备份数据存储必须安全、可靠,防止其丢失或损坏,并允许在需要时迅速恢复数据,从而维持监测系统的连续性和稳定性。

2)数据整理

数据整理是提高监测数据可用性的重要环节。对监测数据进行分类整理,可以极大地方便后续的查询和分析工作。建立合理的数据分类体系,根据不同的数据类型、监测时间、监测对象等标准对数据实施系统化的分类,有助于提高数据管理的效率。为此,可以采用数据库管理系统或数据分析工具对数据进行有效的整合管理。同时,建立数据字典也是非常必要的。数据字典能够记录数据的含义、格式、单位等信息,使得数据的使用者能够更好地理解和应用这些数据,确保数据在分析和决策过程中发挥作用。

3）数据分析

数据分析是评估桥梁健康状况的重要手段。对监测数据的深入分析，能够获取有关桥梁结构安全状况的关键指标。运用数据分析工具，采用统计分析、趋势分析和异常检测等多种分析手段，可以帮助运维人员更好地理解数据背后的含义，及时发现潜在安全隐患。在此基础上，运维人员可以建立桥梁健康评估模型，根据监测数据对桥梁结构的安全状况实施科学评估，并生成数据分析报告，记录分析结果、得出结论。这些分析结果、结论不仅可以为日常维护提供依据，还可以为未来的决策提供参考。

4）数据报告

定期编制监测数据报告是数据管理的重要组成部分，旨在向建设单位提供透明、详尽的监测信息。根据数据分析的结果，编制监测数据报告，详细记录监测期间的桥梁运营状况，内容包括监测时间、监测数据、数据分析结果和建议等。这样的报告不仅能为业主单位清晰地阐释桥梁健康状况，还能为未来的维护和管理提供依据。通过系统化的数据报告机制，确保所有相关方都能够及时获得准确的信息，从而作出科学合理的决策。

综上所述，数据管理既是监测系统稳定运行的重要基石，也是实现桥梁健康监测与评估的关键。有效的数据备份、整理、分析和报告，可以保证监测数据的安全性与有效性，从而支持桥梁的长期安全运营。

4.3.4 技术支持

监测系统的顺畅运行离不开全面且高效的技术支持体系。这一体系不仅致力于解决用户在使用过程中遇到的各种难题，还涵盖了监测系统的操作指导与维护保养。通过监测系统使用说明书及故障排除指南等资料，用户能够深入了解监测系统功能，熟练掌握操作方法。其中，清晰明了的使用说明书为用户提供了必要的背景知识，助力他们轻松上手，自信操作；而故障排除指南则针对常见故障提供了具体的解决策略，旨在帮助用户迅速定位并解决问题，减轻技术障碍带来的困扰。

为了进一步提升用户体验，建立高效的技术支持渠道显得尤为重要。可设立技术支持电话、技术支持邮箱和在线客服等多种沟通方式，确保用户在遭遇问题时能够随时随地获得帮助。这些渠道的建立极大地方便了用户，使他们在遇到困难时能够迅速获得专业的技术支持。专业的技术支持团队将全天候值守这些渠道，确保在用户求助时能够迅速响应，精准答疑。专业的技术支持团队不仅具备深厚的专业知识，还能根据具体情况为用户提供个性化的解决方案，从而增强用户对监测系统的信任度和满意度。

定期进行系统维护和升级是技术支持不可或缺的一环。通过对监测系统运行状况的定期检查，运维人员能够及时发现潜在问题并进行必要的维修，从而确保监测系统稳定运行，延长其使用寿命。同时，及时更新监测系统软件版本，修复已知的安全漏洞，能够有效提升监测系统的安全性，保障用户的数据安全。此外，根据用户反馈和实际需求，运维人员还应进行监测系统功能的升级和优化，确保监测系统始终满足用户的实际需求，适应不断变化的监测环境。

总体而言，全面的技术支持体系对于监测系统的顺利运行至关重要。提供详尽的使用指南、便捷的支持渠道以及定期维护和升级服务，能够确保用户在使用过程中获得及时有效的帮助和指导,从而大幅提升用户体验,为桥梁健康监测的有效实施提供坚实的技术保障。

4.4　本章小结

本章深入阐述了监测系统的架构设计、系统部署流程、日常运行维护机制以及全方位的技术支持体系。架构设计上,将监测系统巧妙地划分为感知层、传输层、数据处理层与应用层,每一层级均承载着特定的功能与职责,共同支持系统的整体运作。

在系统部署环节,细致规划了从前期周密准备到传感器精准安装,再到数据传输网络的稳固搭建、数据处理系统的精细配置,直至系统全面调试的完整流程,确保每一步都精准无误。

日常运维作为监测系统稳定运行的关键保障,涵盖了日常巡检的严谨执行、故障排查的高效处理以及数据管理的科学规划等多方面内容,旨在全方位守护系统的健康状态。

技术支持体系则广泛涵盖了用户培训的专业指导、系统维护与升级的及时响应以及用户反馈的细致处理,为用户提供贴心周到的服务体验,推动技术持续进步。

本章旨在为监测系统构建一个全面而详尽的框架,并提供一系列切实可行的建议,以期助力监测系统稳定高效运行,推动技术不断迈向新的高度。

第5章

预警系统设计

5.1 预警系统设计概述

预警系统作为基于振动法的T形梁桥体外预应力加固监测系统的核心功能组件,其核心目标在于:当监测数据出现异常波动时,能够迅速且准确地向相关人员发出警报,从而能够及时地采取有效应对措施,预防事故的发生,全面保证桥梁的安全稳定运营。

5.1.1 预警系统设计目标

预警系统的设计目标是确保预警信息及时、准确、有效地传递给相关人员,尽可能减少误报和漏报,致力于灵活地满足当下及未来不同的预警需求。

(1)及时性。预警系统应能在监测数据出现异常时,及时发出警报,尽可能缩短预警响应时间。例如,当加固索索力显著下降,或桥梁挠度超过预设阈值时,预警系统应在最短时间内发出警报。

(2)准确性。预警系统应能准确识别监测数据的异常变化,避免误报。例如,预警系统应能区分正常波动和异常变化,避免在正常波动时误发警报。

(3)有效性。预警系统应能有效地将预警信息传递给相关人员,并确保信息能够及时被接收和处理。例如,预警信息应能以短信、邮件、平台报警等多种方式传递,确保及时传递到位。

(4)灵活性。预警系统应能根据实际情况调整预警阈值、预警方式等参数,以满足不同的需求。例如,可以根据桥梁类型、使用情况等,设置不同的预警阈值。

(5)可扩展性。预警系统的功能应能随着监测数据的增加而扩展,以满足未来发展的需求。例如,可以增加新的监测指标,如温度、湿度等,并就此扩展预警系统功能。

5.1.2 预警系统设计架构

预警系统通常采用分层架构(图5-1)设计,以确保预警功能的稳定性、可靠性和可扩展性。

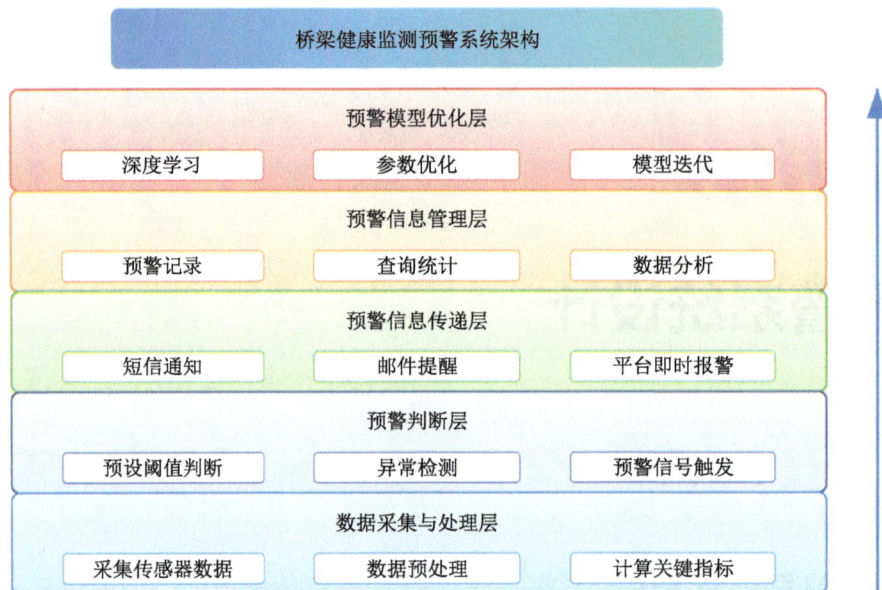

桥梁健康监测预警系统架构

预警模型优化层		
深度学习	参数优化	模型迭代

预警信息管理层		
预警记录	查询统计	数据分析

预警信息传递层		
短信通知	邮件提醒	平台即时报警

预警判断层		
预设阈值判断	异常检测	预警信号触发

数据采集与处理层		
采集传感器数据	数据预处理	计算关键指标

分层架构设计·确保系统稳定性、可靠性和可扩展性

图5-1 预警系统架构图

1)数据采集与处理层

数据采集与处理层承担着数据采集与初步处理的重任,它负责收集来自各类传感器的数据,并进行数据预处理工作。在此基础上,数据采集与处理层计算索力、挠度等桥梁健康监测的关键指标,并智能地将计算结果与预设的预警阈值进行对比分析,以确定是否触发预警机制。

2)预警判断层

作为预警系统的核心层,预警判断层依据预设的严谨预警阈值,精准地判断是否需要发出预警信号。例如,当监测到索力值异常偏低或桥梁挠度超出安全范围时,预警判断层会立即启动预警流程,确保安全隐患得到及时关注。

3)预警信息传递层

预警信息传递层负责将预警信息迅速、准确地传递给相关人员。它通过多种渠道,如短信通知、电子邮件提醒以及平台即时报警等,确保桥梁管理或维护人员能够第一时间接收预警信息,从而迅速采取行动。

4)预警信息管理层

预警信息管理层致力于预警信息的全面记录与管理,记录每一次触发预警的事件、时间以及报警内容等详细信息,为用户提供便捷的查询、统计与分析功能。这一设计不仅有助于用户全面了解桥梁的安全状况,还为后续的安全分析与研究提供了有力的数据支持。

5)预警模型优化层

预警模型优化层对历史预警数据进行深度学习与优化,致力于提升预警模型的准确性与效率。通过持续调整预警参数与算法,预警模型优化层能有效降低误报率,确保每一次预警都能精准反映桥梁的实际安全状况,为桥梁的安全运营保驾护航。

5.2　预警模型

基于振动法的T形梁桥体外预应力加固监测系统的预警模型,根据核心预警目标分为以下两类。

5.2.1　加固索索力变化预警模型

加固索索力变化预警(Prestressed Tendon Force Change Alarm)模型主要关注加固索索力变化趋势,识别索力异常衰减或异常增长,并及时发出预警。

加固索索力变化预警模型能够及时识别加固索索力的异常衰减或异常增长情况,从而有效防止预应力松弛超出设计预期,并避免因加固体系变化而引起的受力重分布问题。加固索索力变化预警模型具体功能如下。

1)数据收集与预处理

(1)传感器部署:在加固索上安装专用的拉力传感器,以实时监测索力。

(2)数据采集频率:确定数据采集的频率,以确保能够捕捉到关键的动态变化。

(3)数据清洗:对采集的数据进行滤波和去噪处理,以减少误差。

2)特征提取与选择

(1)时间序列分析:提取随时间变化的特征,如索力的变化速率和趋势。

(2)环境因素考量:分析温度、风速、湿度等环境因素对索力的影响。

(3)历史数据挖掘:利用历史数据识别索力衰减或增长的模式和周期性变化。

3)预警模型开发

(1)统计方法应用:采用回归分析、时间序列分析等统计方法建立初步模型。

(2)机器学习集成:引入机器学习算法(如随机森林、支持向量机或深度学习等),以提高模型的准确性和泛化能力。

(3)阈值设定与验证:根据工程需求和专家知识,设定合理的预警阈值,并进行交叉验证。

4)预警逻辑与响应机制

(1)实时监控:采用实时监控系统,持续跟踪索力状态。

(2)多级预警体系:根据索力衰减或增长的程度设置不同级别(如黄色预警、橙色预警、红色预警等)的预警信号。

(3)自动通知系统:一旦达到预设的预警级别,系统将自动通知相关人员或自动执行预定的维护程序。

5)系统评估与优化

(1)性能评估:定期评估预警系统的性能指标,如准确率、召回率和响应时间。

(2)反馈循环:建立用户反馈机制,以便根据实际运行情况不断优化模型。

(3)模型迭代:随着新数据的积累和技术的进步,不断完善预警模型。

6)实施与维护

(1)系统集成:将预警系统整合进现有的基础设施管理系统。

(2)操作培训:就系统操作和维护对操作人员进行培训。

(3)持续监控:确保数据流长期稳定,系统连续运行。

5.2.2 桥梁挠度变化预警模型

桥梁挠度变化预警(Bridge Deflection Change Alarm)模型主要关注桥梁挠度变化,识别桥梁整体状态异常,如过度挠度或挠度变化趋势异常,并及时发出预警。

当桥梁挠度超出设计允许范围时,桥梁挠度变化预警模型能够及时识别并预警,以防止桥梁发生过度变形或结构性损伤。同时,桥梁挠度变化预警模型能敏锐捕捉桥梁挠度变化趋势的异常,确保在桥梁出现缓慢但持续的变形之前采取干预措施,有效避免结构性损伤的发生。桥梁挠度变化预警模型具体功能如下。

1)数据收集与预处理

(1)传感器部署:在关键位置安装位移传感器来测量结构的挠度。

(2)数据采集频率:设置合适的数据采集频率,以捕捉挠度的动态变化。

(3)数据清洗:对采集的数据进行滤波和去噪处理,减少分析误差。

2)特征提取与选择

(1)时域分析:从时间序列数据中提取挠度的变化速率和趋势。

(2)频域分析:通过快速傅里叶变换(Fast Fourier Transform,FFT)等技术分析挠度信号的频率成分。

(3)环境因素考量:记录并分析温度、风速、交通荷载等环境因素的影响。

3)预警模型开发

(1)统计方法应用:使用回归分析、时间序列分析等统计方法建立初步模型。

(2)机器学习集成:引入机器学习算法(如随机森林、支持向量机或深度学习等),以提高模型的准确性和泛化能力。

(3)阈值设定与验证:根据工程需求和专家知识设定合理的预警阈值,并进行交叉验证。

4)预警逻辑与响应机制

(1)实时监控:采用实时监控系统,持续跟踪挠度状态。

(2)多级预警体系:根据挠度程度设立不同级别(如黄色预警、橙色预警、红色预警等)的预警信号。

(3)自动通知系统:一旦达到预设的预警级别,系统将自动通知相关人员或自动执行预定的维护程序。

5)系统评估与优化

(1)性能评估:定期评估预警系统的性能指标,如准确率、召回率和响应时间。

(2)反馈循环:建立用户反馈机制,以便根据实际运行情况不断优化模型。

(3)模型迭代:随着新数据的积累和技术的进步,不断完善预警模型。

6)实施与维护

(1)系统集成:将预警系统整合进现有的基础设施管理系统。

(2)操作培训:就系统操作和维护对操作人员进行培训。

(3)持续监控:确保数据流长期稳定,系统连续运行。

5.2.3　模型参数优化

1)历史数据分析

(1)特征识别:从历史数据中提取有助于预警的关键特征。

(2)参数评估:分析现有模型的参数设置,如阈值、学习率、树的深度等。

(3)性能评价:使用统计指标(如准确率、召回率、F1分数等)来评价模型的性能。

(4)参数调整:根据性能评价的结果调整模型参数,以提高模型的准确性。

2)现场试验验证

(1)试验设计:规划现场加载试验,包括不同类型的荷载(如车辆、风载、温度变化等)。

(2)数据采集:在试验过程中收集实时监测数据。

(3)结果分析:比较试验期间的实际观测数据与预警模型的预测结果。

(4)模型调优:根据现场试验的结果进一步调整预警模型的参数。

(5)验证改进:重复进行现场试验和模型验证,直到达到满意的预警效果。

5.3　预警值设置

　　预警指标是预警模型中用于判断是否触发预警的关键参数,需要根据监测系统的目标和桥梁的实际情况来设定。监测系统主要针对加固索索力变化预警模型和桥梁挠度变化预警模型选择相应的预警指标。

5.3.1　预警阈值设置一般方法

1)预警参数的确定

　　预警参数是指用于预警的桥梁特征参数,包括直接测试参数和衍生参数。设置预警参数时需考虑自动化数据采集子系统的测试项目,保证预警参数的采集和计算稳定、可靠。同时,预警参数要能突出反映结构的受力状态。桥梁的预警参数主要包括主梁跨中挠度、主梁应力、位移、索力、风速、温湿度、交通荷载、主梁振动特性等。其中,风速、温湿度、交通荷载等为外部环境参数,这类参数超出阈值可能影响行车安全(但不影响桥梁结构安全),故拟作如下设计:监测到数据超出该类阈值后,在桥梁上用电子警示牌即时提示过往车辆,在系统界面中标记该时间节点并调出该时间段内的响应数据;主梁应力、位移、索力等为结构响应数据,若超出阈值,则说明桥梁存在安全问题,会向相关责任人员发送报警信息,提示他们立即组织人员进行检查并采取相应的处理措施。

2)预警指标的确定

预警指标是指预警参数的预警限值,通常对于单指标预警,当预警参数值超过预警指标时,代表预警参数已超过结构容许限值。预警指标分为两种:2级预警指标和1级预警指标。对于结构响应类预警参数,2级预警指标对应的是桥梁结构承载力极限状态,1级预警指标大致对应桥梁结构正常使用极限状态,一般1级预警指标设定为2级预警指标的0.8倍。

预警指标的确定方法分为两种:无模型预警法和有模型预警法。

(1)无模型预警法:以往监测系统在监测、分析数据和预警时采用的主要方法,它建立在监测数据统计及简单数据分析的基础上,能直接处理桥梁的结构响应实时监测数据,通过规范、历史纪录、交通流量、环境参数等建立预警指标,通常根据不同情况设定不同的预警指标,并采取不同的处理方法。

(2)有模型预警法:利用桥梁基准有限元模型来计算桥梁主要亚临界状态(桥梁的主要危险状态)下的预警指标值。

桥梁健康监测系统阈值的确定目前一般采用以下三种方式:

①计算分析。采用修正过的有限元模型,计算在正常使用荷载下桥梁的反应,并给出传感器监测点参数的理论变化区间。

②基于实测数据的统计规律。在桥梁受力复杂、理论计算结果仅能作为参考时,可以对某一变量进行长时间的连续观测,并分析观测数据的统计规律,将该统计规律作为后续桥梁监测的阈值。

③规范值。对于某些非结构参数的阈值,可以根据相关规范规定限制给定。

3)预警条件的确定

预警条件是指处于预警状态时,各预警参数和相应的预警指标所满足的条件。

预警条件分为单一预警条件和组合预警条件。单一预警条件针对单一预警参数,只要该预警参数超过对应的预警指标,预警条件就成立;组合预警条件针对多个预警参数,只有当满足一定组合的多个预警参数均达到预警指标时才认为预警条件成立。

考虑到测试误差和异常干扰的影响,只靠单一预警条件进行预警可靠性不高,因此桥梁结构安全预警模块采用组合预警条件。根据预警指标的不同,预警条件分为1级预警条件和2级预警条件。

4)预警等级的划分

对于桥梁危险状态,通常采用2级预警:

(1)当预警指标实测值未超过任何阈值时,不触发结构预警状态且系统正常监测。

(2)当预警指标实测值超过1级预警阈值时,启动黄色预警,重点关注异常情况,增加监测数据的采样频次。

(3)在以下三种情况下启动红色预警:①预警指标实测值超过了2级预警阈值;②结构响应指标中某项预警指标在一定时间间隔内多次超出1级预警阈值,或是结构响应指标中有三项或以上指标同时超过1级预警阈值;③发生极端突发事件,如地震、超强台风、重大交通事故或船撞事件。红色预警会立即触发结构评估,对桥梁构件的损伤情况展开全面、深入的检测。

(4)红色预警触发结构评估后,重新设置两层预警阈值。

5.3.2 预警指标选择

1)加固索索力变化预警指标

(1)索力:反映加固索的受力情况。需要根据索力变化的幅度和速率来判断是否发出预警。

(2)索力变化率:反映索力变化的速度,有助于更灵敏地捕捉索力变化趋势。可以设定索力变化率的阈值,当索力变化率超过阈值时,发出预警。

(3)索力衰减速率:专用于监测索力下降趋势,可以更有效地识别预应力松弛或加固体系变化。

(4)索力上升速率:专用于监测索力上升趋势,可以更有效地识别桥梁受力重分布导致的索力超负荷。

2)桥梁挠度变化预警指标

(1)挠度:可以反映桥梁在荷载作用下的变形程度,是判断桥梁是否发生异常变形的关键指标。用户需要根据挠度变化的幅度和速率来判断是否发出预警。

(2)挠度变化率:可以反映挠度变化的速度,有助于更灵敏地捕捉桥梁挠度变化趋势。用户可以设定挠度变化率的阈值,当挠度变化率超过阈值时,发出预警。

5.4 数据处理与报警系统设计

5.4.1 数据处理与报警系统基本要求

(1)能够实现数据的预处理,具备数据诊断功能,剔除完全不可信数据,最大限度地消除因传感器故障或传输干扰而产生的不可信数据对桥梁健康评估的影响。

(2)支持离线分析,具备通用数据分析功能。

(3)功能定位明确,能够合理利用资源并分配任务,与前向及后向子系统有序融合。

(4)软件系统具有开放性,能满足迭代需求。

5.4.2 数据处理与报警系统总体设计

数据处理与报警服务器作为桥梁健康监测系统的神经中枢,承担着数据处理与报警两大核心职责。数据处理与报警服务器不仅能够高效地管理和处理从桥梁上采集的海量数据,还能够及时响应,确保桥梁结构的安全。

(1)数据处理与报警服务器对采集的所有数据进行全方位的分析、处理、显示、归档和存储。这一流程确保了数据的完整性、准确性和可追溯性,为后续的分析和评估提供了坚实的基础。数据处理与报警服务器能够接收来自桥梁各个数据采集站的实时数据,并通过先进的算法和技术对数据进行清洗、整理和分析,从而揭示数据背后隐藏的信息和规律。

(2)经过分析和处理的数据会被发送到结构安全评估系统服务器,用于开展桥梁安全状况的评估工作。这一环节至关重要,因为它直接关系桥梁结构的安全性和稳定性。结构安全评估系统服务器会根据接收的数据,结合桥梁的设计参数、历史监测数据等信息,进行综合分析和判断,生成详细的监测或评估报告。如果评估结果显示桥梁结构存在安全隐患或异常情况,结构安全评估系统服务器将立即触发报警机制,及时通知相关人员采取应对措施,确保桥梁的安全运营。

(3)在数据处理方面,数据处理与报警系统展现出了强大的控制能力。它能够远程控制安装在桥梁上的数据采集站,确保数据采集的准确性和连续性。数据处理过程被细分为数据前处理和数据后处理两个阶段,这两个阶段都由数据处理与分析服务器来完成。

①数据前处理阶段主要接收来自自动化数据采集系统的原始数据。这些数据通常包含大量的噪声和干扰信息,因此需要进行清洗和整理。通过一系列的处理步骤,如数据去噪、数据滤波等,数据前处理能够提取出有用的信息,并诊断出仪器设备的工作状态。在此基础上,数据前处理还会计算目标监测量和特征参数,并将结果存入中心数据库,为后续的分析和评估提供数据支持。

②数据后处理阶段则更加注重对数据的深入分析和挖掘。它从中心数据库获取经过前处理的数据,进行离线分析、特征提取、数据挖掘等工作。通过运用先进的算法和模型,数据后处理能够揭示数据之间的关联性和规律性,从而获取特征、规则和模型参数。这些结果将被存入中心数据库,并为后续结构损伤识别、安全报警、结构状态评估等工作提供基础数据支持和模型支持。

5.4.3 数据预处理

桥梁结构的运营监测是一个长时间的过程,采集的监测数据多种多样。为了确保后续数据挖掘和分析的正确性,有必要在前端对收集的监测数据进行预处理,滤除外界干扰产生的不可靠数据,具体有以下几种处理方式:

(1)粗差处理。

(2)信号滤波。

(3)减采样。

(4)数据补完。

5.4.4 在线报警

桥梁运营监测每天会产生大量数据,对于桥梁管养人员来说,如何从中快速准确地分析出桥梁运营状态是目前急需解决的难题。桥梁运营监测需要采用信号处理、数据挖掘技术,从监测数值本身、数据发展趋势、变量关联性等多个角度,全方位表征监测数据特性,充分描述桥梁运营状态,对硬件设备及桥梁结构的异常情况进行在线报警。

1)设备异常状态报警

设备异常状态报警主要包括以下几种。

(1)数据中断

数据中断是指由停电、网络欠费、传输信号差、设备故障或其他客观因素导致的桥梁监测数据无法写入监测系统数据库的情况。此时,报警系统会及时发出相应警报,提醒工作人员检查整个桥梁监测系统的运行状态,及时排除故障。

(2)超量程

超量程是指监测数值超过传感器量程。在采集桥梁监测数据时,报警系统会实时判断监测值是否超过监测设备量程。若超过,则表明传感器出现故障,报警系统会提醒工作人员及时维护设备。

（3）数值恒定

正常的监测数据在某一时间段内不可能出现大量完全一样的高精度数值。因为就算在实际监测量稳定不变时,监测数据的最小位也会随机跳动,这是传感器本身的固有噪声干扰或电路噪声干扰所造成的。因此,一旦完全一样的高精度数值大量频繁出现,则必有异常,系统会立即发出警告。

（4）数值突变

除了突发事故外,桥梁监测数据一般不会突然出现数值异常大的跳变或阶跃情况。大部分这类情况是由传感设备、数据采集设备故障或外界偶发干扰引起的,也有可能是野外设备遭遇磕碰所致。此时,报警系统会提醒工作人员及时检查硬件设备运行情况,提醒外业人员现场查看设备安装情况。

2）结构异常状态报警

运营监测系统负责对桥梁的工作状态进行实时动态监控,当监测量超过设定阈值时发出报警信息。确定监测量阈值的参考依据如下:

（1）规范、规程的有关规定。

（2）有限元分析结果。

（3）已有研究成果和专家经验。

由于报警值设置和现场实施情况密切相关,其计算和设置均在项目实施阶段完成。如仅根据设计图纸建立的有限元模型从理论上计算阈值,将无法准确地计算桥梁的实际响应,故必须根据实测值来修正有限元模型。阈值的确定是一个动态过程,初期阈值可根据理论计算值和规范限值确定,系统运营一年后,需根据理论计算值、规范限值和长期统计值再次修正。

5.4.5　离线分析

1）趋势分析

趋势分析基于长时间采集的大量数据,通过数理统计、数据拟合等多种方法,在了解结构的变化状态后,估计出桥梁运营发展的趋势。趋势分析通过绘制不同时间尺度的时间-特征量曲线,描绘出特征量的渐变走势,进而体现结构整体的性能。

2）频域分析

在信号分析中,经常需要把时域的信号转化到频域,这时,许多在时域空间无法呈现的有用信息会在频域中呈现出来。例如,采用功率谱方法对体外索加速度信号进行分析,计算预应力束基频,进而得到对应张拉应力等。

5.5　预警评估与优化

预警系统的设计和使用是一个持续改进的过程,需要不断评估预警效果,并根据评估结果优化预警模型和指标,提升预警系统的准确性和有效性。

5.5.1 预警效果评估

预警效果评估旨在评估预警系统能否有效识别桥梁安全风险,并及时发出警报,从而保障桥梁的安全运营。

1)评估指标

(1)准确率:预警系统正确识别异常情况的比率,即正确预警的次数与所有预警次数之比。准确率越高,说明预警系统越可靠。

(2)误报率:预警系统误判正常情况为异常情况的比率,即误报次数与所有预警次数之比。误报率越高,说明预警系统越敏感,越容易发出不必要的警报,降低用户对预警信息的重视程度。

(3)漏报率:预警系统未能识别异常情况的比率,即漏报次数与所有异常事件的次数之比。漏报率越高,说明预警系统越迟钝,越容易错过重要预警信息,导致安全风险。

(4)响应时间:预警系统从监测到异常情况,到发出警报的时间间隔。响应时间越短,说明预警系统越及时,越能够更早地发出警报,为处理问题预留更多时间。

2)评估方法

(1)历史数据分析

利用历史监测数据,分析预警系统的准确率、误报率、漏报率和响应时间等指标,评估预警模型的有效性,并识别模型的不足之处。

(2)现场试验验证

开展模拟预警,如人工模拟索力衰减或桥梁挠度变化,借此测试预警系统的响应情况,验证预警模型的准确性和有效性,并根据测试结果优化模型。

5.5.2 预警模型优化

当预警效果评估未能达到预期标准时,优化预警模型便成为提升预警系统准确性和有效性的关键举措。这一优化过程涉及多个层面,通过细致调整与改进,确保预警系统能够精准响应潜在风险。

1)优化预警模型参数

(1)调整阈值

调整阈值是优化预警模型的首要步骤。通过深入分析评估结果,可以灵活调整阈值设置,以达到降低误报率与漏报率的双重目标。若误报频发,适度提升预警阈值,以牺牲部分灵敏度为代价,换取更高的准确性;反之,面对漏报问题,则应适当降低阈值,增强系统的敏感性,确保重要风险不被遗漏。

(2)科学分配模型权重

在多指标预警模型中,各指标的权重分配直接影响模型的预测能力。应依据评估反馈,对各指标的预警准确率进行细致考量,动态调整其权重。对于预警效果不佳的指标,合理降低其权重,而将更多信任赋予表现优异的指标,从而提高整体模型的预测精度。

2)创新预警模型

(1)探索新型预警模型

当现有模型难以满足预警需求时,尝试新模型成为突破瓶颈的关键。从简单的阈值模型到复杂的趋势模型或统计模型,每一次升级都可能带来预警性能的显著提升。保持对新技术的敏锐洞察,及时引入并测试,有助于找到适合当前应用场景的模型。

(2)构建组合预警模型

组合多种预警模型,可以实现优势互补,进一步提升预警的准确性和可靠性。例如,将阈值模型与趋势模型相结合,既能捕捉瞬时异常,又能预测长期趋势,形成更为全面的预警体系。

3)优化原则与实践指导

(1)不断迭代优化

预警模型的优化是一个永无止境的过程。需要建立定期评估与优化的机制,不断跟踪预警系统的性能,及时发现问题,迅速响应,通过持续的迭代升级,推动预警系统向更高层次发展。

(2)注重实际效果

在追求模型优化的过程中,务必坚持实效导向原则,避免陷入盲目追求模型复杂性的误区。模型的复杂度应与实际需求相匹配,确保在提升预警效果的同时,保持系统的可操作性与稳定性。

(3)平衡误报与漏报

误报与漏报是预警系统面临的两大挑战。在优化过程中需要谨慎权衡这两者之间的关系,既要避免误报过多导致的资源浪费与信任危机,也要防止漏报带来的潜在风险。通过科学的方法论与丰富的实践经验,寻找最适合当前情境的平衡点,可以实现预警效果的最大化。

5.6　本章小结

本章全面探讨了预警系统的设计框架,涵盖预警系统设计的基本概述、预警模型的精心构建、预警阈值的科学设定、数据处理及报警系统的周密设计以及预警评估与持续优化的策略。预警系统作为监测系统不可或缺的一部分,其核心功能在于监测数据一旦偏离常态,能够迅速且准确地触发警报机制。

在预警模型的构建方面,本章深入阐述了加固索索力变化预警模型与桥梁挠度变化预警模型的具体构建过程。预警阈值的设定是预警系统设计的精髓所在,它需依据详细的历史数据与资深专家的宝贵经验来审慎确定。

至于数据处理与报警系统的设计,则涵盖从数据采集、高效处理、深度分析到报警逻辑精准实现的全方位流程。而预警评估与优化环节则是基于实时监测数据与预警反馈结果,对预警模型进行客观评估与适时调整,旨在不断提升预警系统的精确性与时效性,确保其在复杂多变的监测环境中始终保持高效稳定的运行状态。

第6章

工程应用实例

6.1 项目背景

连云港至霍尔果斯高速公路(简称连霍高速,编号G30)自东部的江苏连云港延伸至西部的新疆霍尔果斯,横跨江苏、安徽、河南、陕西、甘肃及新疆6个省、自治区,是贯通中国大陆东西部的交通主动脉,构成了"七纵八横"国道主干网的关键一环,对促进我国东西部经济交流具有举足轻重的作用。在河南省境内,该高速公路自东向西穿越商丘、开封、郑州、洛阳、三门峡5座城市,是国家"71118"高速公路网规划的重要支撑,也是河南省高速公路网络的核心框架,对河南省乃至中原地区的公路运输体系具有深远影响。

连霍高速三门峡段共有主线桥梁129座(273幅),包括小桥2座、中桥49座、大桥72座及特大桥6座,主要结构形式包括50m T形梁和30m空心板梁。历经多年运营,众多桥梁出现了不同程度的病害,部分病害经过加固处理仍反复出现,如50m T形梁桥出现的腹板竖向及斜向裂缝、边梁混凝土破损露筋、加固钢板锈蚀、体外索松弛以及体外索防护罩和减振器脱落等问题。

桥梁加固索索力状态的不明确性使得对桥梁当前状况的科学评估变得困难,进而导致加固设计工作缺乏有力的科学依据。传统的体外预应力筋(束)力检测方法不仅操作烦琐、耗时较长,而且在数据的连续性和实时性方面存在明显短板,无法满足对桥梁状态动态、精准监控的需求。

鉴于此严峻形势,我们研发了一套先进、高效的自动化系统,以实现对桥梁加固体外预应力筋(束)应力的实时、在线、精确且客观的监测。这一系统可大幅提升桥梁加固体外预应力筋(束)应力的监测效率与准确性,为加固后桥梁状态的实时监控提供了有力保障,从而确保道路通行安全,维护交通顺畅。

6.2 桥梁概况

枣乡河特大桥(左幅二)位于连霍高速公路K884+680处。此桥全长1159.6m,桥跨结构为2×(5×50m)+3×50m+2×(5×50m),桥面铺装层为沥青混凝土,右幅上部承重构造为装配式预应力混凝土连续T形梁,左幅上部承重构件为装配式预应力混凝土T形梁,下部结构形式为桩柱式墩台+薄壁空心墩。设计荷载:汽—超20级,挂—120。桥梁于2001年12月建成通车,至今已运营20余年。2015年实施改扩建,改扩建采用单侧加宽桥梁形式,目前该桥通行货车占比高达45.2%。

6.2.1 T形梁病害

本项目监测L-17桥跨,主要原因是L-17桥跨病害非常典型,5片主梁的腹板、翼缘板等位置均存在不同程度的结构性裂缝(图6-1),见表6-1。

a)L-17-1 T形梁左腹板竖向裂缝

b)L-17-1 T形梁翼板露筋

c)L-17-1 T形梁右腹板竖向裂缝

d)L-17-2 T形梁翼板斜向裂缝

图 6-1

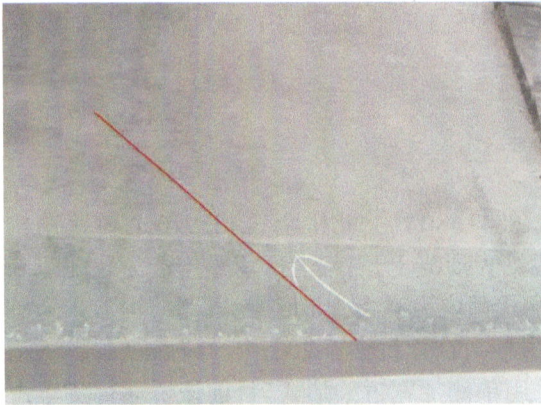

e)L-17-2 T 形梁左腹板斜向裂缝

f)L-17-2 T 形梁翼板斜向裂缝

g)L-17-3 T 形梁右腹板斜向裂缝

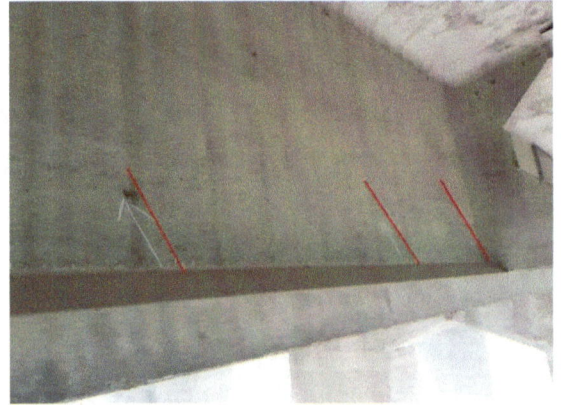

h)L-17-3 T 形梁左腹板斜向裂缝

i)L-17-3 T 形梁翼板露筋

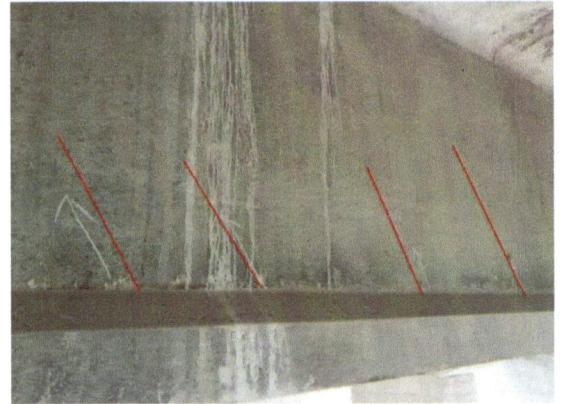

j)L-17-4 T 形梁左腹板斜向裂缝

图　6-1

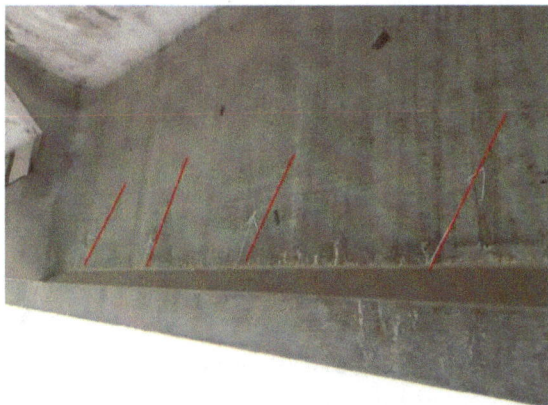

k)L-17-4 T形梁右腹板斜向裂缝

l)L-17-5 T形梁左腹板斜向裂缝

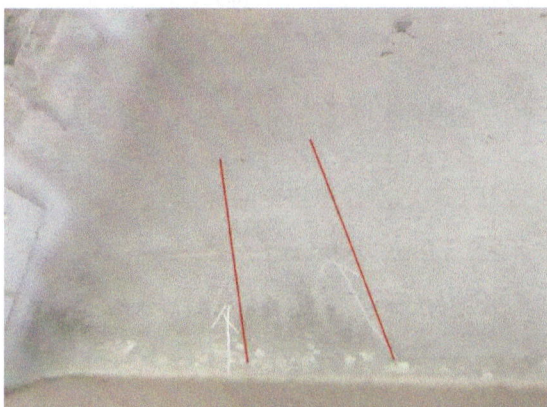

m)L-17-5 T形梁斜向裂缝

图6-1 L-17桥跨病害

L-17桥跨病害一览表
表6-1

序号	构件编号	构件名称	病害类型	病害位置	数量	长（cm）	宽（mm）	病害标度	备注
1	L-17-1	左幅第17跨第1号T形梁	竖向裂缝	距跨中0m起，左腹板	4条	150	0.15	3	—
2	L-17-1	左幅第17跨第1号T形梁	露筋	距17号墩2m起，右翼缘板	5处	30	0.10	2	—
3	L-17-1	左幅第17跨第1号T形梁	竖向裂缝	距跨中0m起，右腹板	10条	150	0.15	3	—
4	L-17-2	左幅第17跨第2号T形梁	斜向裂缝	距16号墩0m处，左翼缘板	1条	60	0.10	2	渗水泛白
5	L-17-2	左幅第17跨第2号T形梁	斜向裂缝	距16号墩13m处，左腹板	1条	160	0.10	2	—

序号	构件编号	构件名称	病害类型	病害位置	数量	长(cm)	宽(mm)	病害标度	备注
6	L-17-2	左幅第17跨第2号T形梁	斜向裂缝	距17号墩0m处,左翼缘板	2条	70	0.15	2	渗水泛白
7	L-17-3	左幅第17跨第3号T形梁	斜向裂缝	距16号墩18m起,右腹板	3条	200	0.15	3	—
8	L-17-3	左幅第17跨第3号T形梁	斜向裂缝	距16号墩18m起,左腹板	4条	200	0.15	3	—
9	L-17-3	左幅第17跨第3号T形梁	露筋	距17号墩7m处,左翼缘板	1处	40	0.20	2	—
10	L-17-4	左幅第17跨第4号T形梁	斜向裂缝	距16号墩18m起,左腹板	5条	200	0.15	3	—
11	L-17-4	左幅第17跨第4号T形梁	斜向裂缝	距16号墩13m起,右腹板	5条	150	0.10	3	—
12	L-17-5	左幅第17跨第5号T形梁	斜向裂缝	左腹板	28条	230	0.15	3	—
13	L-17-5	左幅第17跨第5号T形梁	斜向裂缝	右腹板	5条	150	0.15	3	—

6.2.2　病害原因分析

(1)重载交通作用:根据2020年统计数据,连霍高速三门峡段中型及以上货车占比较高,该桥位于灵宝西至豫灵段,货车占比高达50%。

(2)T形梁横向联系偏弱:根据现场踏勘,T形梁翼缘板采用干接缝连接,横隔板通过钢板焊接连接,经过长期运营,钢板的焊接处多数已断裂,横隔板错位严重,桥梁横向联系减弱,导致T形梁单片梁承重,产生结构受力裂缝。

(3)预应力损失:该桥为运营20余年的旧桥,且50m T形梁属于较大跨径;大跨径的旧桥在长年重载作用下,梁体长期处于大挠度振动状态,在疲劳作用下,预应力损失,进而造成主梁承载力降低,梁体挠度进一步发展,造成梁体开裂。

(4)新旧规范对比:通过新旧T形梁对比可知,该桥建成年代早,设计荷载等级低,T形梁结构尺寸偏小,普通钢筋配置偏弱,钢束数量相对较少,承载能力相对现行规范设计承载能力偏小。同时,该桥50m T形梁多为简支结构,桥面连续,且连续端未布设负弯矩钢束,造成在荷载作用下梁端较T形梁跨中弯矩大,不利于主梁承受荷载,导致主梁产生结构受力裂缝。

6.3 加固方案

经过对T形梁病害原因及其发展态势的深入探究,对该桥的T形梁实施了体外预应力加固与粘贴钢板加固双重策略,旨在显著提升其抗弯与抗剪性能。为了加强T形梁之间的横向联系,对横隔板采取了粘贴钢板的加固措施,并对边梁涂刷硅烷膏体和安装滴水檐进行防护,有效阻挡雨水侵蚀,从而进一步增强了T形梁的耐久性。

6.3.1 体外预应力加固方案

对于竖向裂缝≥3道或斜向裂缝≥6道或裂缝宽度≥0.2mm的T形梁,增加体外预应力筋(束)来提高梁体的承载能力和开裂弯矩值,从而改善T形梁的使用性能,即马蹄底部布置2束、两侧面各布置1束φ^s15-3的预应力钢绞线。钢绞线技术性能应符合《预应力混凝土用钢绞线》(GB/T 5224—2023)的有关规定,抗拉强度标准值为1860MPa。张拉方法按《公路桥涵施工技术规范》(JTG/T 3650—2020)执行,应进行应力与引伸量双控。50m T形梁体外预应力筋(束)加固一般构造图如图6-2所示。

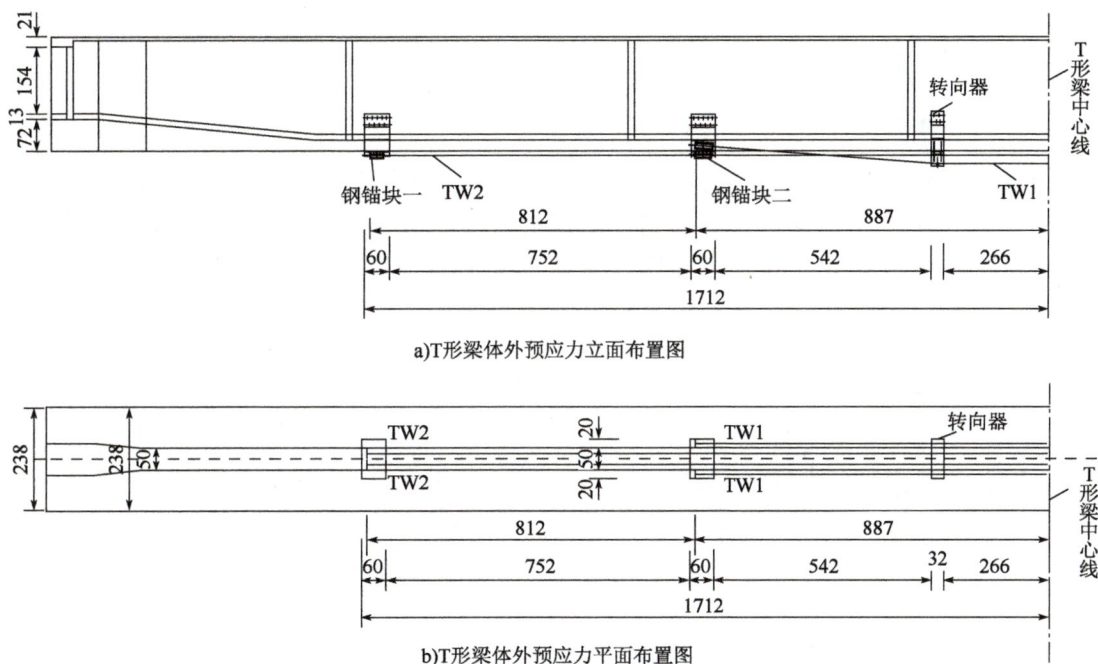

a)T形梁体外预应力立面布置图

b)T形梁体外预应力平面布置图

图6-2 50m T形梁体外预应力筋(束)加固一般构造图(尺寸单位:cm)

6.3.2 腹板粘贴钢板加固

当T形梁的斜裂缝宽度≥0.2mm/条或≥3mm/条时,采用在病害位置粘贴钢板的方法来增强腹板抵抗剪应力的能力,即在跨中两横隔板之间的梁段腹板部位,沿主拉应力(垂直裂缝)的方向,分别粘贴若干8mm厚的耐候钢板条,并用铆钉将钢板定位于构件表面,使钢板与构件协同作用共同承担荷载,既增大了腹板截面又增强了斜截面的抗剪能力。腹板粘贴钢板示意图如图6-3所示。

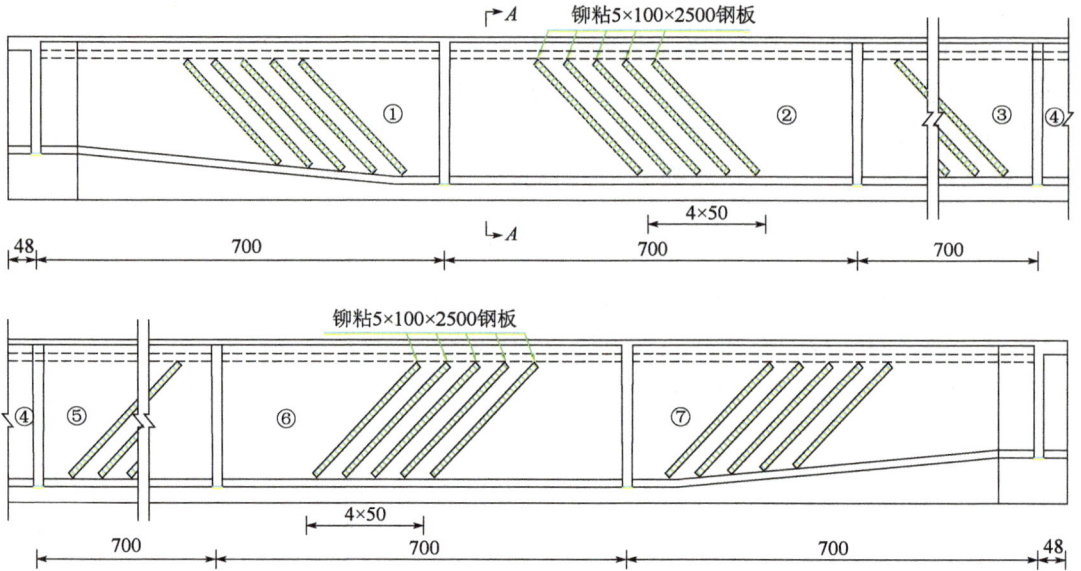

图6-3　腹板粘贴钢板示意图(尺寸单位:cm)

6.3.3　横隔板粘贴钢板加固方案

为增强主梁之间的横向联系,本次专项进行体外预应力筋(束)加固的主梁,其两侧横隔板采用粘贴钢板法加固,梁端钢板采用8mm厚的耐候性钢板,梁中钢板采用10mm厚的耐候性钢板,通过8.8级M16×300mm对拉螺栓固定,进而提高主梁之间的横向联系。横隔板粘贴钢板示意图如图6-4所示。

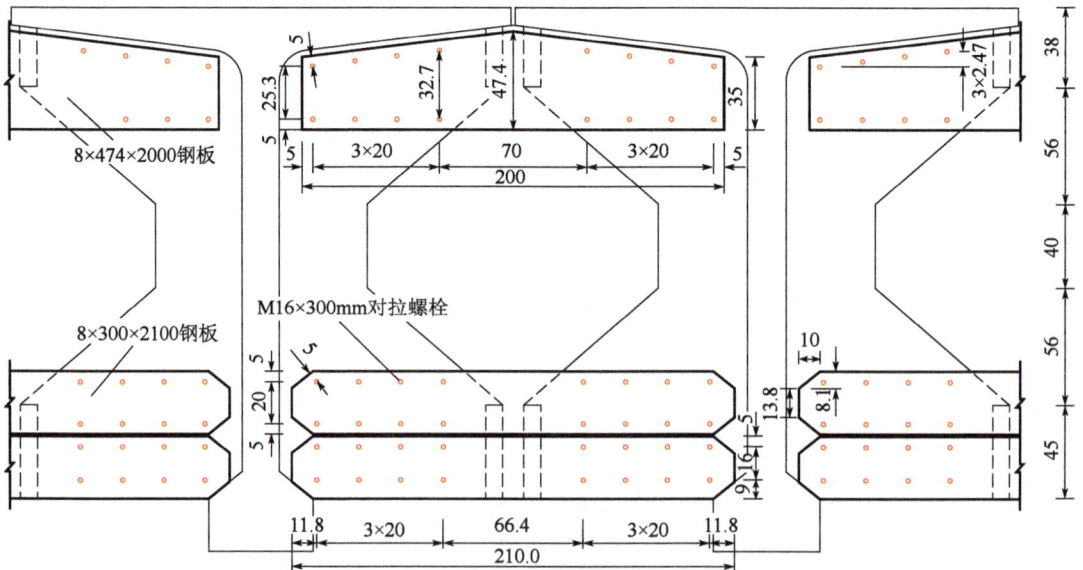

图6-4　横隔板粘贴钢板示意图(尺寸单位:cm)

6.3.4 硅烷膏体防护

对边梁(外侧翼缘板、腹板、马蹄以及马蹄底面)、盖梁(侧面、顶面)采用高压水清理干净,涂刷硅烷膏体进行耐久性防护。T形梁耐久性防护示意图如图6-5所示。

6.3.5 安装滴水檐

对部分旧桥边跨T形梁水侵蚀严重,造成混凝土剥落、钢筋锈蚀、体外束及粘贴钢板出现锈蚀等病害的桥梁安装滴水檐。滴水檐采用L形玻璃纤维板30mm×30mm×2mm,通过M8×100mm不锈钢膨胀螺栓固定,玻璃纤维板涂抹胶黏剂与翼缘板连接成整体。滴水檐示意图如图6-6所示。

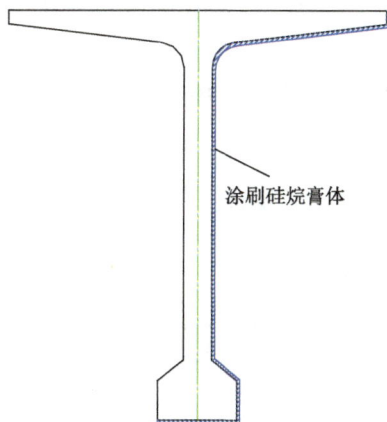

涂刷硅烷膏体

图6-5 T形梁耐久性防护示意图

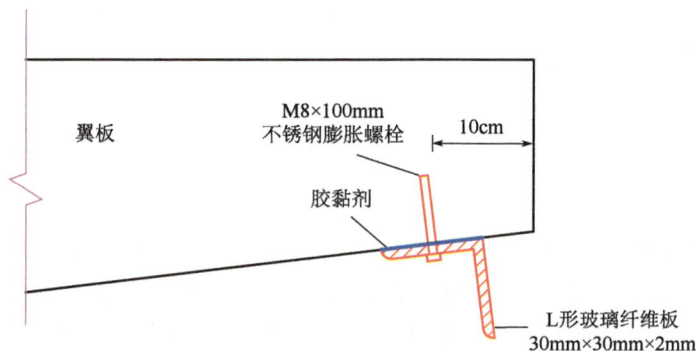

图6-6 滴水檐示意图

6.4 监测方案

监测系统的监测内容应根据运营环境、结构特点、结构危险性分析、结构设计和监测功能确定。测点选择应满足结构安全预警和评估要求,遵循"代表性、适用性、经济性、少而精"的原则。监测对象应能反映监测对象的实际状况及变化趋势,宜布设在变化敏感处。

监测内容和测点选择需符合下列规定:

(1)以外荷载与环境作用特性来确定。

(2)动力响应监测应以实际结构计算分析为基础,且需有利于后续模态识别、安全评估工作。

(3)局部响应监测应以结构计算分析和易损性分析为基础。

(4)宜实时监测应变与变形。

6.4.1 监测内容与系统概述

针对50m简支T形梁的结构和实际受力特点,以及项目需求,主要监测项目包括温度监测、索力监测、视频监控、变形监测、应变监测和风速监测。

现场监测方案的总体架构包含多个互联层面,如图6-7所示。用于体外索监测、T形梁监测和环境监测的传感器负责采集数据,这些数据随后通过包含互联网网关的数据传输层传输至后端服务器。

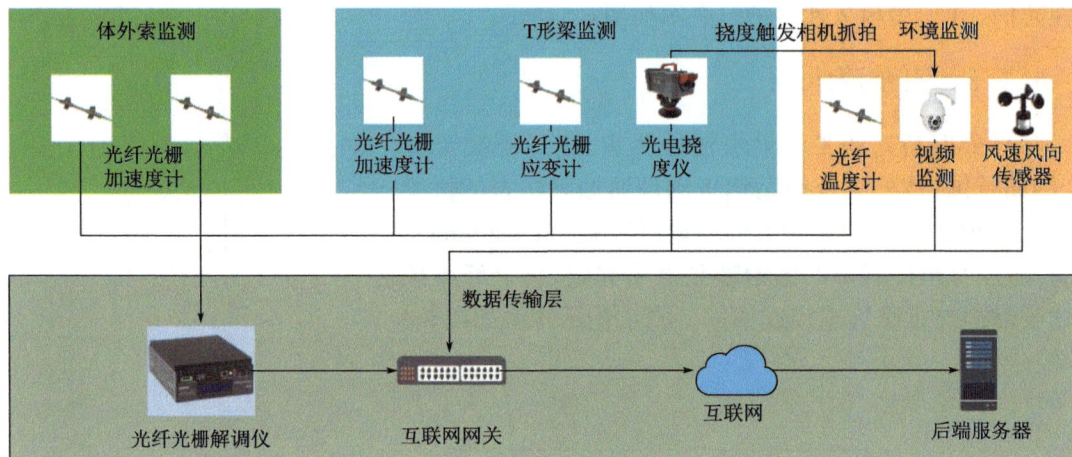

图6-7 现场监测方案总体架构

6.4.2 现场监测实施情况

本节详细阐述监测项目中各类传感器的具体布设情况。初期监测重心在于预应力索,后扩展为T形梁整体监测,因为预应力加固的效果最终体现在梁体整体的结构响应和变化上。考虑到项目经费等条件的制约,监测侧重于动力特性监测,同时,为了宏观了解桥梁在役状况,也进行了跨中挠度监测、典型点位应变监测以及环境监测。

1)T形梁监测

(1)加速度监测(动力特性)。

动力特性研究是本项目的核心内容。其目的有两个:一是利用桥梁模态分析来判断桥梁的性能变化(观察前几阶振型的形态及变化),二是利用索振动频率的变化来判断索力的变化。

为了在数据采集的准确性、稳定性和耐久性上取得平衡和优化,项目采用了光纤光栅加速度传感器和三轴加速度传感器两类传感器。

①光纤光栅加速度传感器。优点:精度高、耐久度好(因使用过程中只有光信号,无老化问题)、同步精度高。

缺点:价格高、通道少、单轴采集,且采集频率略低(最高50Hz)。

②三轴加速度传感器。

优点:采集频率高、性价比高,且采集数据多(同一测点有三个轴向数据,可互相校核以判断该点数据是否为奇异值)。

缺点:高精度同步难,耐久性可能略差。

系统采用两类传感器,以光纤光栅加速度传感器为主(10个测点),在马蹄底部同位置加装5个三轴加速度传感器,此举不仅可以补充采集X和Y方向的加速度值,还可以跟光纤光栅加速度传感器采集的数据做互校核,提高系统的可靠性。其布设在第17跨T形梁,具体如下:

①在1~5号梁跨中马蹄底部,安装5个三轴加速度计及5个光纤光栅加速度计,用于监测T形梁振动(图6-8、表6-2)。

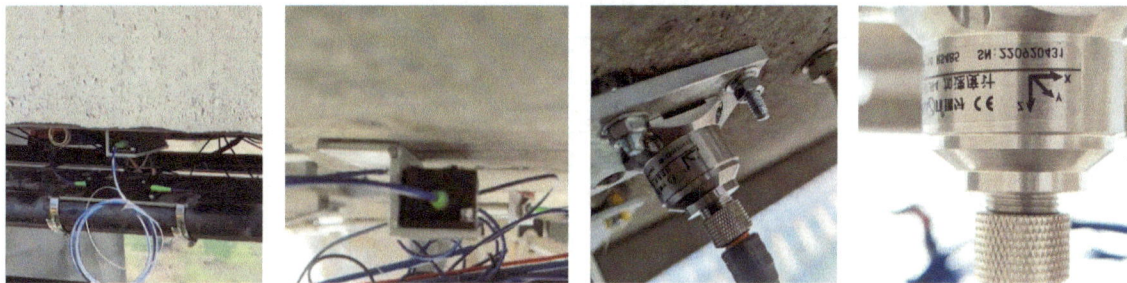

图6-8　17跨跨中马蹄处加速度传感器安装

马蹄处光纤光栅加速度传感器安装　　　　表6-2

T形梁编号	L-17-1	L-17-2	L-17-3	L-17-4	L-17-5
光纤光栅序列号	482160034	281960014	482160012	482060006	482160052
光纤光栅波长(nm)	1528	1532	1536	1548	1560
对应解调仪通道	CH1	CH1	CH1	CH1	CH1

②在1~5号梁跨中腹板,安装5个光纤光栅加速度传感器。图6-9为T形梁腹板光纤光栅加速度传感器安装。17跨跨中腹板光纤光栅加速度传感器规格见表6-3,三轴加速度传感器性能参数见表6-4,光纤光栅加速度传感器性能参数见表6-5。

(2)挠度监测

主梁挠度(线形)是桥梁结构力学行为特征的直观体现之一,也是影响桥梁正常使用的重要指标。过大挠曲变形不仅会导致高速行车困难,加大车辆的冲击作用,引起梁体的剧烈震动和使行人不适,还可能使桥面铺装层和结构的辅助设备遭到损坏,严重时甚至危及桥梁的安全。桥梁恒载作用下桥面线性是桥梁整体安全状态的重要标志;活载作用下桥梁挠度是评价桥梁使用功能和安全性的重要指标之一,是桥梁整体刚度的重要标志。如图6-10所示,本

图6-9　T形梁腹板光纤光栅加速度传感器安装

项目安装了1套挠度仪和6支靶标灯,其中5支靶标灯安装于T形梁,1支靶标灯安装在对向桥墩作为基准。

17跨跨中腹板光纤光栅加速度传感器规格　　　　　表6-3

T形梁编号	L-17-1	L-17-2	L-17-3	L-17-4	L-17-5
光纤光栅序列号	4820600079	482160053	482160038	482060068	482060056
光纤光栅波长(nm)	1532	1560	1544	1548	1556
对应解调仪通道	CH4	CH2	CH4	CH3	CH3

三轴加速度传感器性能参数　　　　　表6-4

项目	数量	项目	数量
量程	±10g	非线性度	<1%FD(max)
偏差标定	<1mg	带宽(3dB)	500Hz
测量轴向	X轴、Y轴、Z轴	共振频率	5.5kHz
上/掉电重复性	<2mg(max)	MODBUS自动输出速率	10Hz、25Hz、50Hz
偏差温度系数	0.01%/℃	恢复时间	<1ms
分辨率	0.01mg(max)	振动	20～2000Hz

光纤光栅加速度传感器性能参数　　　　　表6-5

项目	指标	项目	指标
量程	2g	尺寸	24mm×55mm×18mm
精度	2mg	尾纤方式	ϕ3mm、ϕ8mm铠装
分辨率	0.5mg	安装方式	螺孔安装
波长范围	C波段(1525～1565nm)	工作温度	−40～80℃
响应频率	0.5～30Hz	外壳防护等级	IP68
灵敏度系数	≈500pm/g		

图6-10　挠度仪及靶标灯安装

（3）应变与温度监测(T形梁)

在17跨跨中马蹄底部安装了5个光纤光栅应变计及5个光纤光栅温度计(图6-11)。其工作原理：当被测结构发生变化时,引起光栅反射波长的改变。光纤光栅信号处理器通过测量物理量变化前后光栅反射波长的变化,换算出光纤光栅应变传感器检测到的物理量变化值,同时光纤光栅温度计作为光纤光栅应变计消除温度效应的参考。17跨跨中马蹄底部光纤光栅应变计传感器参数见表6-6,光纤光栅温度计传感器参数见表6-7,光纤光栅温度计传感器序号/通道号和安装位置表见表6-8。

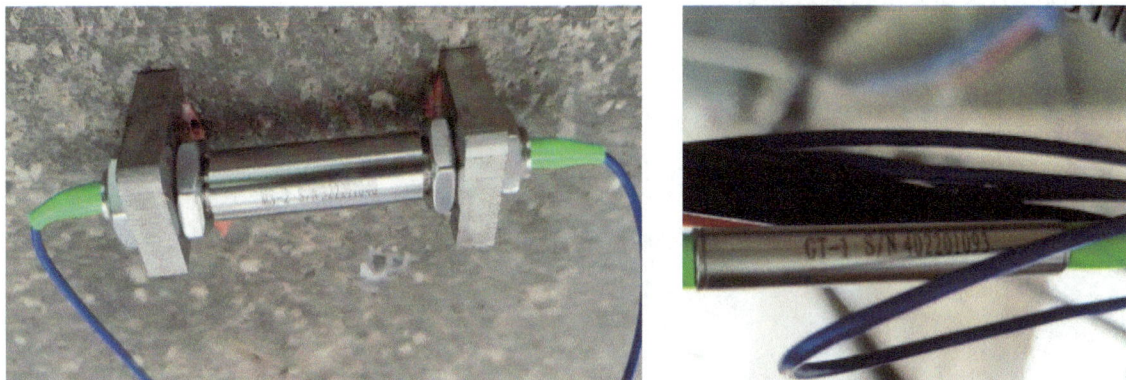

图6-11　马蹄部位光纤光栅应变计及光纤光栅温度计安装

17跨跨中马蹄底部光纤光栅应变计传感器参数　　　　表6-6

T形梁编号	L-17-1	L-17-2	L-17-3	L-17-4	L-17-5
光纤光栅序列号	452211020	322211040	322211019	452211070	422111022
光纤光栅波长(nm)	1540	1544	1528	1556	1544
对应解调仪通道	CH2	CH3	CH4	CH1	CH1

光纤光栅温度计传感器参数　　　　表6-7

项目	指标	项目	指标
量程	−40～120℃(其他量程可定制)	尾纤方式	φ3mm、φ8mm铠缆
精度	±0.5℃	安装方式	夹持、绑扎、埋入
分辨率	0.1℃	工作温度	−40～120℃(短时200℃)
波长范围	C波段(1525～1565nm)	外壳防护等级	IP68
尺寸	φ9×100mm(其他尺寸可定制)		

光纤光栅温度计传感器序号/通道号和安装位置表　　　　表6-8

T形梁编号	L-17-1	L-17-2	L-17-3	L-17-4	L-17-5
光纤光栅序列号	402201093	451801448	012201072	402001180	181701245
光纤光栅波长(nm)	1556	1560	1538	1550	1542
对应解调仪通道	CH2	CH3	CH4	CH1	CH1

2)体外预应力索监测

体外预应力索的监测是项目研究的起点,也是项目研究的基础。其主要思路是采用振动频率法,通过监测体外预应力索的振动频率,由体外预应力索的振动频率的变化来判断索力的变化趋势。同样采用了两类加速度传感器(光纤光栅加速度传感器和三轴加速度传感器)混合使用,以提升监测的可靠性和冗余性。另外,三轴加速度传感器的引入为未来低成本监测方案提供了研究基础。

项目共安装了 10 支光纤光栅加速度计和 6 支三轴加速度计用于体外索监测。图 6-12 为体外预应力索加速度传感器安装。

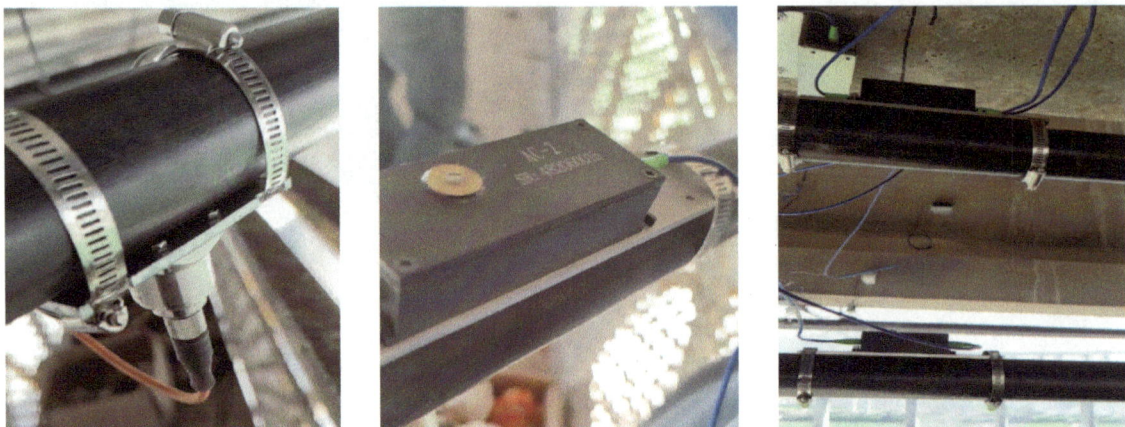

图6-12　体外预应力索加速度传感器安装

17 跨体外索上传感器分布情况：

①L-17-1、L-17-5 号梁：体外预应力索各安装 2 个光纤光栅加速度计。

②L-17-4 号梁：体外预应力索正中心安装 4 个光纤光栅加速度计，1/4 点安装 4 个三轴加速度计。

③L-17-3 号梁：体外预应力索正中心安装 2 个光纤光栅加速度计及 2 个三轴加速度计。

17 跨体外预应力索光纤光栅加速度传感器安装情况见表 6-9，17 跨体外预应力索三轴加速度传感器安装情况见表 6-10。

17跨体外预应力索光纤光栅加速度传感器安装情况　　表6-9

T形梁编号	L-17-1	L-17-1	L-17-3	L-17-3	L-17-4	L-17-4	L-17-4	L-17-4	L-17-5	L-17-5
光纤光栅序列号	482060076	202060078	482060015	482160031	482060028	482060005	482060077	482060034	482160027	202060035
光纤光栅波长（nm）	1528	1532	1548	1536	1532	1548	1528	1556	1560	1536
对应解调仪通道	CH2	CH2	CH2	CH2	CH3	CH4	CH3	CH4	CH4	CH3

17跨体外预应力索三轴加速度传感器安装情况　　表6-10

T形梁编号	安装位置	数量(个)
L-17-4	体外预应力索1/4点	4
L-17-3	体外预应力索正中心	2

3）环境监测

环境的温湿度和风力风向对桥梁的结构响应具有极大影响,监测方案专门做了环境监测的设计。

（1）温湿度监测

项目共安装10支温湿度传感器,如图6-13所示。在第17跨跨中5片梁的腹板及马蹄处各安装5个温湿度传感器。这些传感器采用工业通用标准RS485总线MODBUS-RTU协议接口,方便接入PLC(可编程逻辑控制器),DCS(分布式控制系统)等各种仪表或系统。由于结构温度场的变化,使结构产生膨胀或收缩,当结构受到约束时,产生温度应力。而由于温度应力的作用,对结构的强度、刚度产生一定的影响,有时甚至产生裂缝,从而降低结构的寿命。因此,分析温度应力可以消除温度对索力、应变、变形的影响,完善和验证本次的研究理论。

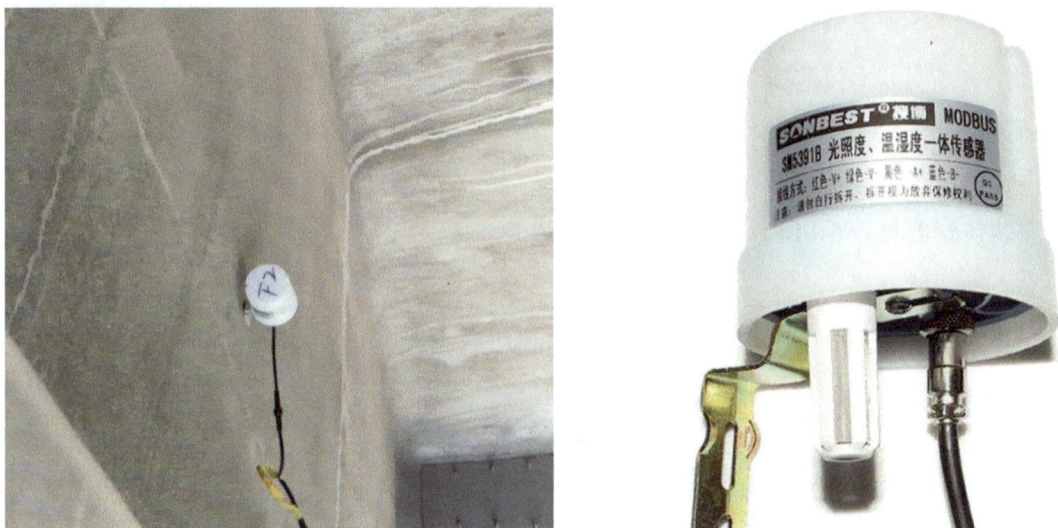

图6-13　温湿度传感器安装

（2）风速风向监测

风是桥梁的一种主要荷载,它主要作用在桥梁的主梁上。风对桥梁的影响主要在大跨径桥梁上,桥梁跨径越大,结构受风荷载的作用就越突出。风的作用会引起振动,就是风致振动。风的作用还会使结构丧失稳定性。本项目安装了1套风速风向仪,如图6-14所示。因此,研究风与构件之间的关系,用以消除风对构件的影响,提高数据准确性。

4）视频监控

为及时了解桥梁和设备出现的突发状况,安装两台实时监控摄像头,一台用于监控桥面状况(图6-15),另一台用于监控桥下状况(图6-16)。另外,摄像头与光电挠度仪有触发

图6-14　风速风向仪安装

连接功能,当挠度超出阈值时,会抽取当时监控片段以了解详细情况。

图6-15　视频摄像头安装(桥面视角)

图6-16　视频摄像头安装(桥下)

5)已安装传感器一览

已安装传感器见表6-11。

已安装传感器总表　　　　　　　　　表6-11

单位	设备名称	数量	备注
支	光纤光栅加速度计	20	T梁安装10支,体外预应力索安装10支
支	光纤光栅温度计	5	T梁安装
支	光纤光栅应变计	5	T梁安装
支	三轴加速度计	11	T梁安装5支,体外预应力索安装6支
套	挠度仪	1	
支	靶标灯	6	T梁安装5支,1支安装在对向桥墩做为基准
支	温湿度传感器	10	T梁安装
套	风速风向仪	1	
套	摄像机	2	

6.4.3　监测系统软件架构

1)数据感知、采集与传输层

该层是数据流的基础(参考前文图6-7)。它由各种传感器组成,如光纤光栅加速度计(用于体外预应力索和T形梁)、光纤光栅应变/温度计(T形梁)、三轴加速度计、光电挠度仪、温湿度传感器和风速传感器组成。来自光纤传感器的信号由光纤光栅解调仪处理。所有采集到的传感器数据通过互联网网关汇集,并传输至后端服务器进行存储和进一步处理。

2)数据存储与处理层

数据存储与处理层按照数据特点和功能需求进行模块化设计。

(1)数据存储

采用混合存储方案以实现高效的数据管理(图6-17):

①主数据库:采用关系数据库(PostgreSQL)进行主要数据存储。

②图片存储:使用NoSQL数据库(MongoDB)存储视频监控产生的图片。

③数据缓存:采用Redis进行缓存,以提升系统性能和数据检索速度。

④时序数据库:采用时序数据库(TSDB)针对时间序列数据(如传感器读数)进行存储和查询优化。

图6-17 数据存储架构

(2)数据处理与分析

系统以监测数据采集为主,并将桥梁基础数据、检测数据和养护数据引入并进行融合。采用数据挖掘、深度学习和非结构化数据分析等工具对数据进行整理分析(图6-18)。系统支持:

①常规查询。

②基于HBase的海量实时查询。

③基于Kylin的多维实时查询 分析类型包括统计分析、数据挖掘、深度学习和非结构化数据分析,数据来源包括基础数据、养护数据、检测数据和监测数据。

图6-18 数据查询与分析类型

3)业务层(应用与服务)

业务层设计了4组主要应用,以满足不同用户的需求(图6-19)。

(1)基础应用

监测系统大屏展示:用于在大屏幕上展示关键监测信息和系统状态,如图6-20所示。

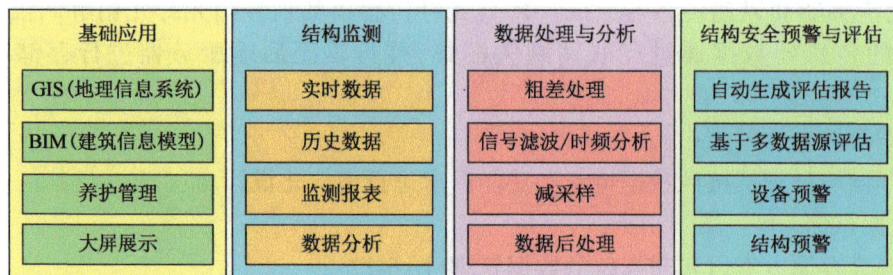

图6-19　业务层应用

（2）结构监测

①实时数据显示：访问来自传感器的实时数据流。

②历史数据访问：检索和查看历史监测数据。

③监测报表：生成定期或基于事件的报告。

④数据分析：用于分析结构监测数据的特定功能。

（3）数据处理与分析（高级工具）

此专业应用组服务于项目的科研需求，为桥梁专业人员提供了一系列专业的数据工具箱，用于对海量数据进行深度分析，尤其是动力学分析（图6-21）。

①粗差处理：识别和处理异常数据点。

②信号滤波、时频分析：高级信号处理技术。

③减采样：在适当情况下降低数据分辨率。

④数据后处理：对已处理数据进行进一步的精炼和分析。

（4）结构安全预警与评估

①自动生成评估报告：定期出具结构健康评估报告。

②基于多数据源评估：基于来自各种传感器和来源的综合数据进行评估。

③设备预警：对监测设备本身的故障或问题发出警报。

④结构预警：当监测的结构参数超过预设阈值时触发警报。

图6-22所示为频率图。

4）协议接口层

监测系统提供了对外的标准协议接口，以满足行业规范要求，使监测系统能便捷地整合到其他监测系统中，同时也为后续更多的数据应用提供了基础。

支持的标准协议包括HTTP协议、HTTPS、RESTful、Web Service接口。

这些接口支持一系列数据应用（图6-23）：

（1）多系统、异构数据融合展示

（2）问题发掘、原因分析、解决方案

（3）事实预估、模型预测

（4）创新改进、仿真演示

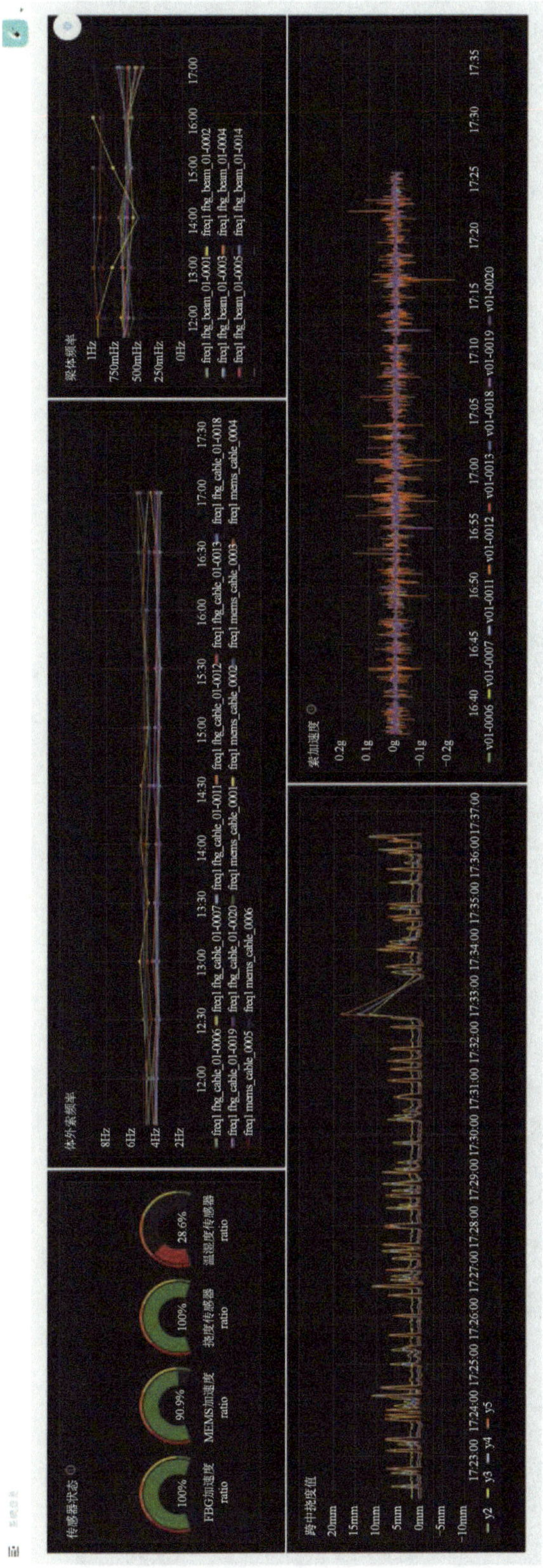

图 6-20　监测系统大屏展示

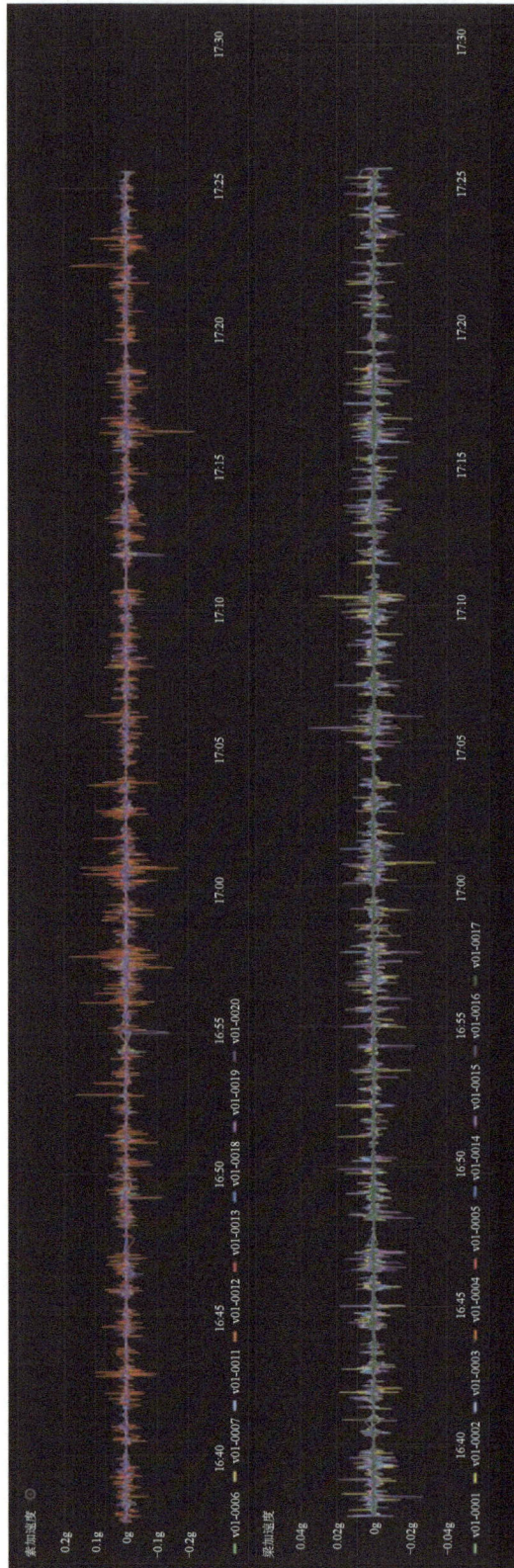

图 6-21 动力特性时程图

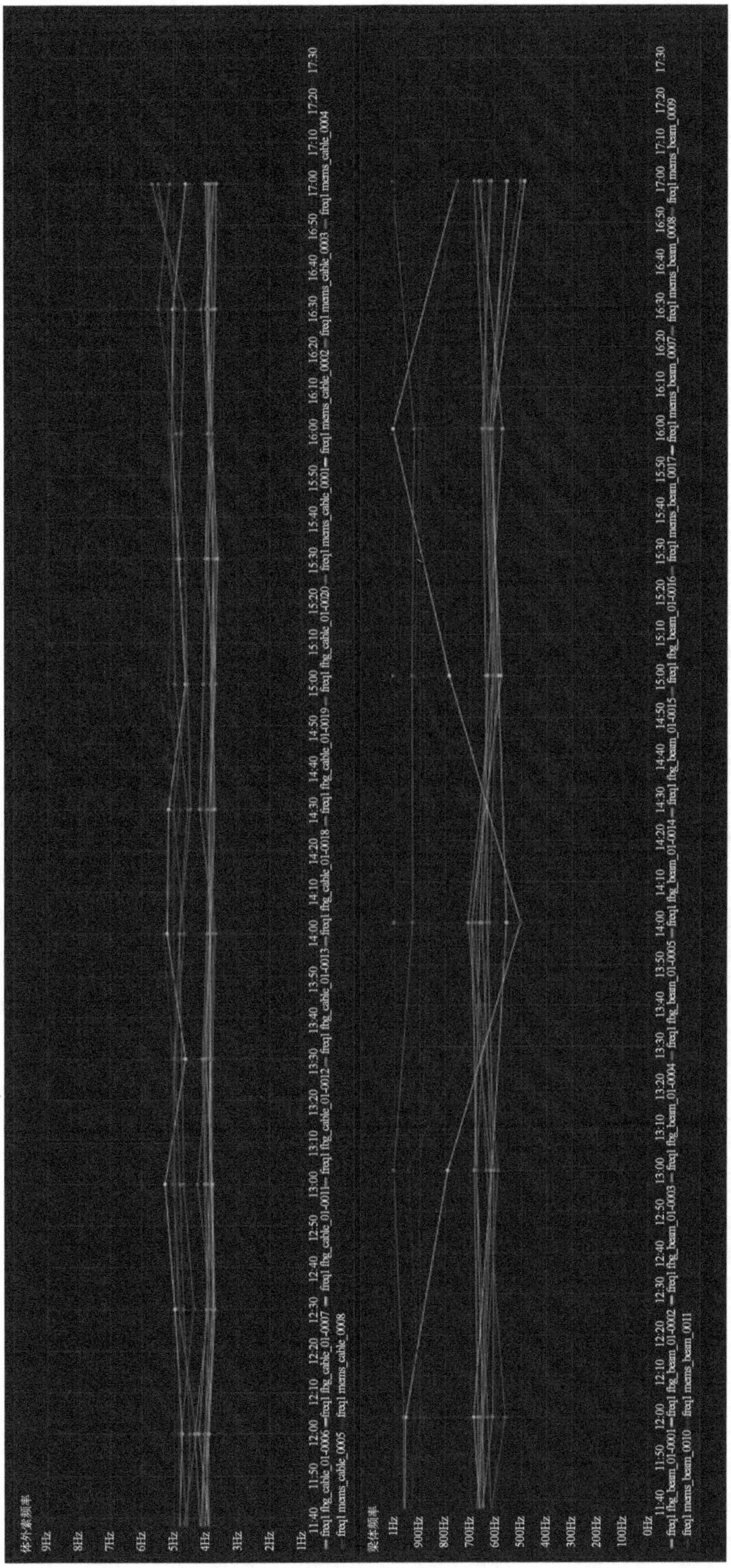

图 6-22 频率图

图6-23 协议接口层与数据应用

6.5 试验室理论试验

6.5.1 试验目的

将拉索模拟为张拉弦,在不同边界条件下,弦的预应力与自振频率可用显示方程表示,选择利用传感器测得弦的自振频率,并由公式得到拉索的张拉力。但是理想的索力与自振频率模型是建立在无弯曲刚度、无重力、仅受拉的力学假定基础上的,在实际工程中,体外预应力索在抗弯刚度、垂度,减振器等外部条件的影响下,其力学模型将偏离理想的弦模型。因此,结合工程特性,精确计算体外预应力索与自振频率的关系,是监测预应力变化的基础。

6.5.2 试验简介

本试验设计张拉2根体外预应力索,预应力筋采用成品束OVM.GJ15-3,1860级钢绞线。钢束采用OVM.GJ钢绞线整束,其钢束截面面积为420mm²,1号及2号体外预应力索计算长度均为3000cm。试验时两端采用分级张拉,逐级测量预应力筋的自振频率及相关参数,拉力从90kN逐级增加到540kN,每级增加90kN。1号体外预应力索计算长度图、2号体外预应力索布置示意图及OVM.GJ15-3体外预应力筋(束)示意图如图6-24~图6-26所示。

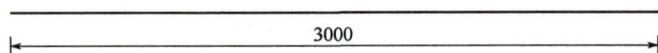

图6-24 1号体外预应力索(单位尺寸:cm)

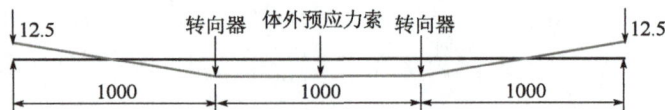

图6-25 2号体外预应力索(单位尺寸:cm)

6.5.3 试验主要仪器及方案

1)试验主要仪器

TZT5930动态采集仪[图6-27a)]、TST120T100三轴向压电加速度传感器、MOI-ENLIGHT

Setup 090410 光纤光栅传感器、光纤光栅传感解调仪 sm125［图 6-27b)］、信号放大器、敲击锤。

a)OVM.GJ15-3体外预应力筋(束)

b)OVM.GJ15-3体外预应力筋(束)

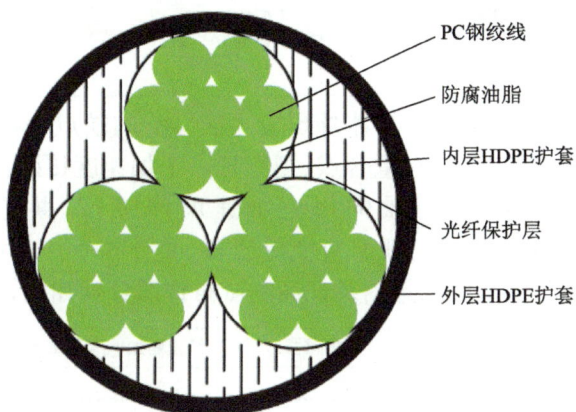

c)OVM.GJ15-3体外预应力筋(束)横截面

图 6-26　OVM. GJ15-3体外预应力筋(束)示意图

a)TZT5930动态采集仪

b)光纤光栅传感解调仪sm125

图 6-27　数据采集仪

2)试验方案

首先利用Ansys软件模拟获取体外预应力筋(束)的模态振型,根据其前三阶振型位移来布置加速度传感器。其中,采用Link8单元模拟体外预应力筋(束),并在Link8单元实常数中输入初应变,实现预应力的施加,边界条件为两端固结。体外预应力筋(束)模态振形分析见表6-12。

体外预应力筋(束)模态振型分析 表6-12

模态	直线形	折线形
1		
2		
3		
颜色表(m)	0　　0.02　　0.06　　0.09　　0.11　　0.14　　0.17	

根据前三阶模态位移图,在1、2号体外预应力筋(束)的端点、六分点、四分点、三分点和跨中各布置一个加速度传感器(若有重合点,则布置一个加速度传感器)。其中两端点、1/4处和3/4处布置的是TST120T100三轴向压电加速度传感器,共计4个;其余点位布置MOI-ENLIGHT Setup 090410光纤光栅加速度传感器,共计5个。总共有9个测点,9个传感器。体外预应力筋(束)测试布置示意图及现场测试布置图分别如图6-28、图6-29所示。

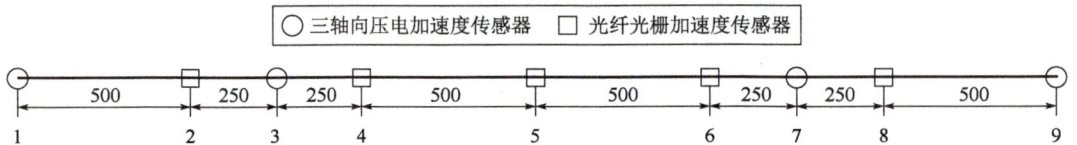

○ 三轴向压电加速度传感器　　□ 光纤光栅加速度传感器

| 1 | 500 | 2 | 250 | 3 | 250 | 4 | 500 | 5 | 500 | 6 | 250 | 7 | 250 | 8 | 500 | 9 |

图6-28　体外预应力筋(束)测试布置示意图(单位尺寸:cm)

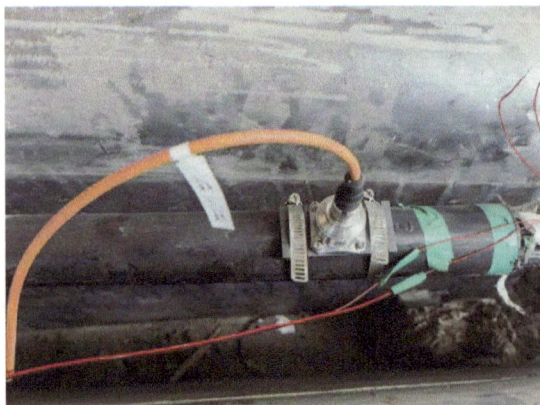

a)三轴向压电加速度传感器

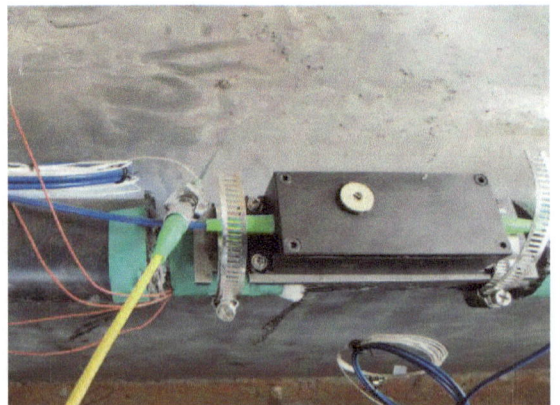

b)光纤光栅加速度传感器

图　6-29

c)整体布置

图6-29 体外预应力筋(束)测试现场布置图

6.5.4 试验主要过程

1)布置测点

按照试验方案,将加速度传感器安装在主要测点上。注意:在试验中,应将体外预应力筋(束)主要测点处的外胶皮剥去,保证加速度传感器能够接触到钢束,使用钢箍将加速度传感器固牢地固定在体外预应力筋(束)上,并保证每个加速度传感器正面朝上。传感器安装调试实景图如图6-30所示。

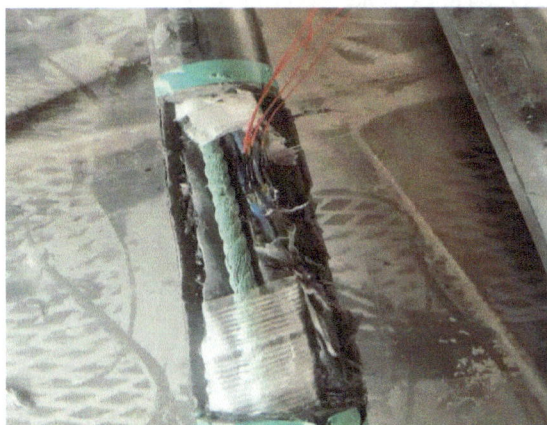

a)OVM.GJ15-3体外预应力筋(束)

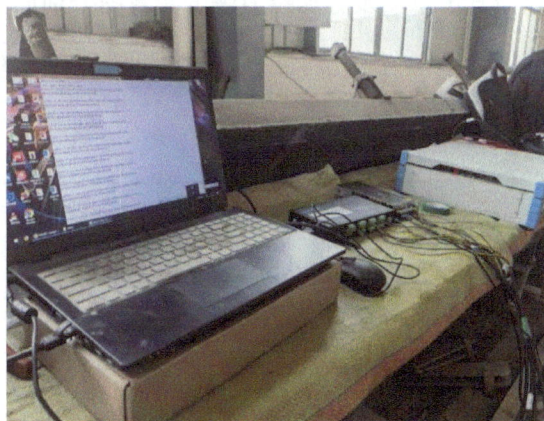

b)采集仪连接调试

图6-30 传感器安装调试实景图

2)连接设备

将加速度传感器与采集仪相连,确保连接稳固、可靠。检查采集仪的工作状态,并进行必要的设置,以确保准确记录数据。试验过程中使用了两种加速度传感器对应的采集仪,为了满足测量要求,配备了2台笔记本电脑,以备接收与存储采集仪的数据。在试验开始前,将OVM. GJ5-3体外预应力筋(束)两端的3根钢束用三孔锚具锚住。锚具的位置须固定且牢固,以保证体外预应力筋(束)的稳定性。锚具及端部锚固图如图6-31所示。

a)三孔锚具

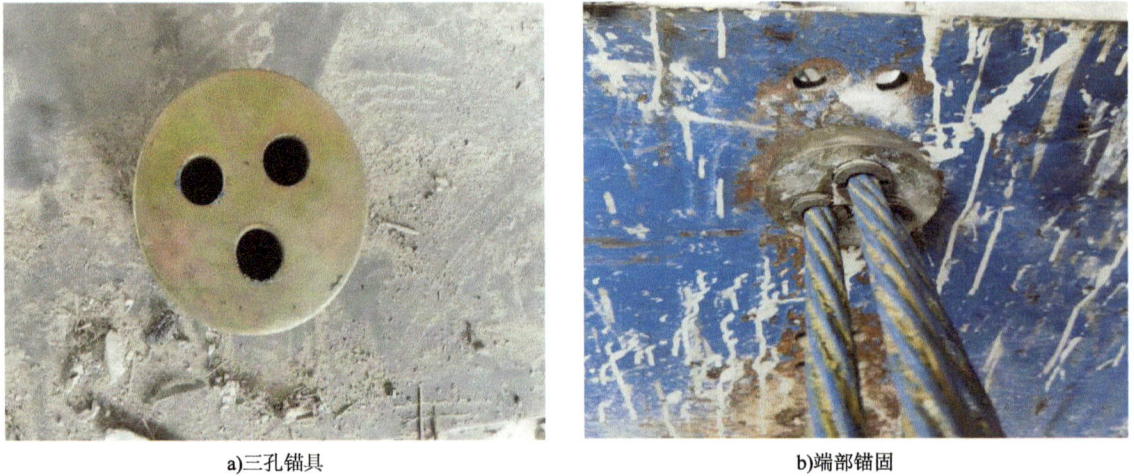

b)端部锚固

图6-31　锚具及端部锚固图

3)逐级施加拉力

使用液压千斤顶施加拉力,从90kN开始,每次增加90kN的力值。在每个阶段结束后,等待体外预应力筋(束)达到稳定状态,确保力值已稳定,并记录该阶段的力值。然后开启采集仪,启动程序,准备采集数据。在体外预应力筋(束)上有8个锤击点,在每个对应的拉力值阶段,每个锤击点锤击2次,对于90~540kN六个阶段的拉力值,每根体外预应力筋(束)试验共锤击96次,收集96组对应拉力下的测点加速度,记录好数据对应的测点位置及拉力值。锤击点布置示意图及施加拉力锤击测数图分别如图6-32、图6-33所示。

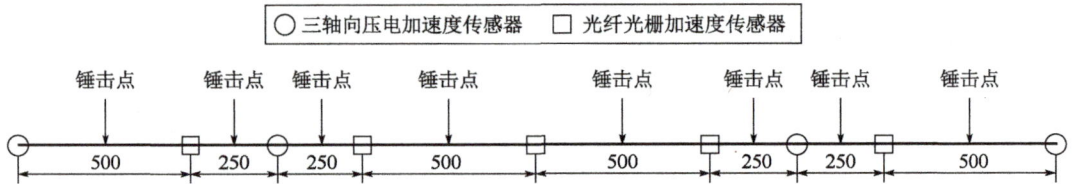

图6-32　锤击点布置示意图(尺寸单位:cm)

6.5.5　试验数据处理

1)数据处理

加速度计直接测得的信号是时域波形,横轴是时间,纵轴是幅值。若要得到信号的自振频率,需对信号作频谱分析,查找峰值对应的自振频率。实际试验中,每阶振型的自振频率可能不止一个,而是多个,或为一个频带。因此,需对试验中的数据进行傅里叶变换,得到频谱分析图。找到相应的波峰后,为了与体外预应力筋(束)的前 n 阶振型自振频率一一对应,可采用有限元模拟仿真来辅助分析。

傅里叶变换是一种将时域信号转换为频域信号的数学工具,用于分析信号的频谱特征。在结构健康监测、振动分析和信号处理等领域,傅里叶变换被广泛应用于对加速度数据进行频谱分析和特征提取。在处理加速度传感器测量的加速度数据时,可以利用傅里叶变换将时域的加速度信号转换为频域的频谱信号。

a)液压千斤顶

b)液压千斤顶施加拉力

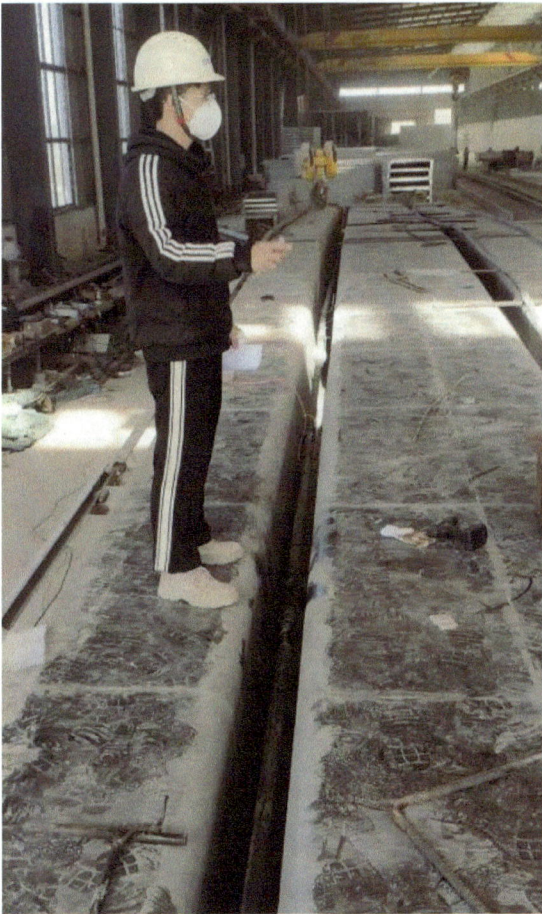

c)锤击点确认

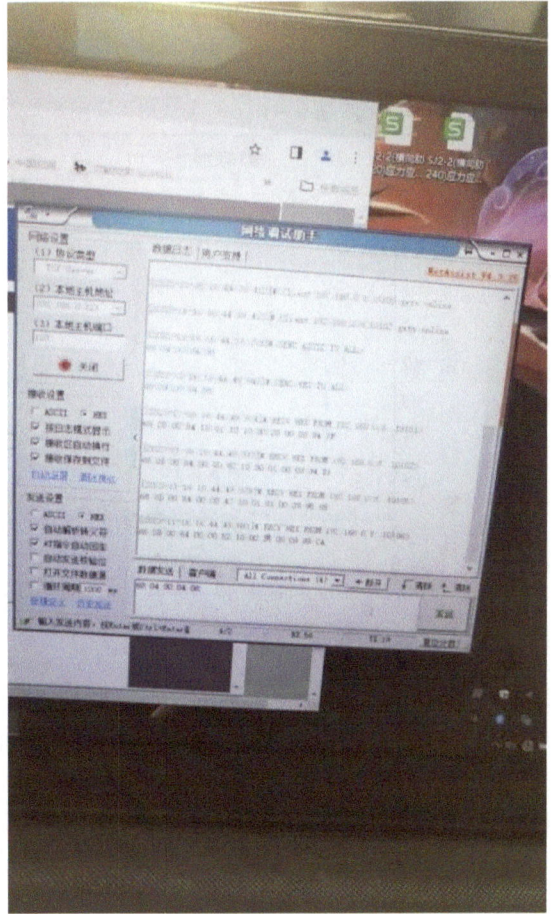

d)数据采集

图6-33 施加拉力锤击测数图

傅里叶变换基于一个重要的数学定理:任何一个周期性信号都可以表示为多个正弦和余弦波的叠加。对于非周期性信号,可以将其视为一个极长周期的信号,并在这个周期内进行计算。具体步骤如下:

(1)将采集的加速度数据作为输入信号,使用傅里叶变换算法对其进行变换。

(2)傅里叶变换将时域信号分解为不同自振频率的正弦和余弦波,产生一个连续的频域谱线。

(3)频域谱线表示信号在不同自振频率上的能量分布,其中每个自振频率对应一个幅值和相位。

(4)根据傅里叶变换的结果,可以得到加速度信号在不同自振频率上的幅值谱或功率谱。

(5)幅值谱表示信号在不同自振频率上的幅值大小,反映了信号的频谱特征。

(6)通过分析幅值谱,可以确定信号中存在的自振频率成分及其对应的能量强度。

通过傅里叶变换来处理加速度传感器测量的加速度数据,可以获得信号在不同自振频率上的能量分布情况。这有助于识别信号中的周期性成分或特定自振频率的振动模式,从而提供有关物体运动或结构状态的信息。

按照以上步骤,在MATLAB软件中编写程序代码对数据进行处理,其索力90kN下的数据部分处理结果见表6-13。

1号和2号体外预应力筋(束)的频谱结果　　　　　　　　　表6-13

续上表

测点	直线形	折线形
3		
4		
5		

测点	直线形	折线形
6		
7		
8		

测点	直线形	折线形
9		

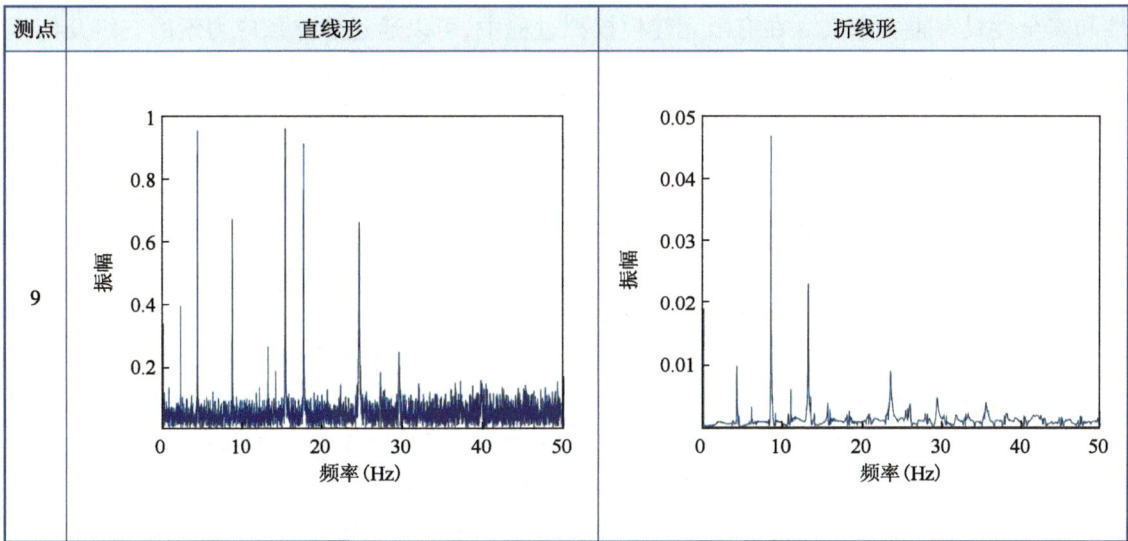

将1号体外预应力筋（束）和2号体外预应力筋（束）在90~540kN各阶段测得的数据经过傅里叶变换处理后，记录各点波峰对应的自振频率值，通过众数法取前几阶出现次数最多或最接近的数，整理结果见表6-14、表6-15。

1号体外预应力筋（束）90~540kN自振频率值　　　　　　表6-14

拉力(kN)	1阶自振频率值	2阶自振频率值	3阶自振频率值	4阶自振频率值	5阶自振频率值
90	2.19	4.35	6.53	8.73	10.91
180	3.00	6.00	9.00	12.00	15.00
270	3.78	7.81	11.40	15.20	18.97
360	4.35	8.70	13.07	17.42	21.77
450	4.92	9.83	14.78	19.73	24.60
540	5.38	10.77	16.16	21.64	26.90

2号体外预应力筋（束）90~540kN自振频率值　　　　　　表6-15

拉力(kN)	1阶自振频率值	2阶自振频率值	3阶自振频率值	4阶自振频率值	5阶自振频率值
90	0.00	4.48	7.81	9.02	13.10
180	0.00	7.39	9.85	12.88	17.22
270	0.00	7.81	12.12	16.47	21.35
360	4.34	9.39	14.25	19.13	23.72
450	0.00	10.72	15.59	20.48	27.79
540	6.10	11.44	17.09	23.86	29.63

2）理论分析

有限元模拟是一种应用广泛的工程计算方法，可用于研究各种结构体系的力学行为和振动特性。体外预应力筋(束)是一种重要的结构构件,其力学特性和振动特性对于结构的稳定性和安全性具有重要意义。在有限元建模模拟过程中,可以通过建立预应力索的三维几何模型,定义材料参数、网格划分和边界条件等步骤,分析自振频率特征,以求取体外预应力筋(束)的自振频率。前 10 阶自振频率指的是体外预应力筋(束)在振动过程中前 10 个最小的非零自振频率。具体建模如下:

(1)在 ANSYS 软件中,利用 Link8 单元模拟 1 号和 2 号体外预应力筋(束),在 Link8 单元实常数中输入初应变,从而施加预应力,结构两端采用固结。1 号体外预应力筋(束)有效长度为 30m,2 号体外预应力筋(束)为折线型,计算长度为 30m。转角处采用限制其 Z 向位移,通过高低差形成转角的模拟方法。体外预应力筋(束)大多用于比自身重量大很多的桥梁结构,因折线形自振频率与直线形相近,故大多数学者在分析折线形体外预应力时会将其等同于直线形,但实际测量中在相同条件下,折线形体外预应力筋(束)比直线形体外预应力筋(束)自振频率略高。加入倾斜部分的抗弯刚度作分析,利用有限元模拟来探究折线形体外预应力筋(束)索力与自振频率的关系。经过收敛性验证,单元尺寸在 0.2m 时已达到收敛效果,故网格划分时取单元长度为 0.2m,弹性模量 E 取 $1.95×10^{11}$Pa,体外预应力截面面积为 $420×10^{-6}$m²,密度为 7921kg/m³,2 号体外预应力筋(束)模拟图布置图及其有限元模拟图如图 6-34、图 6-35 所示。

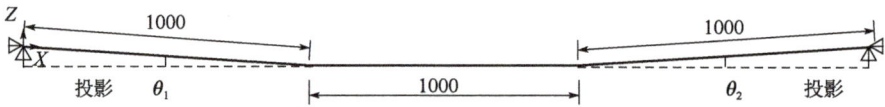

图 6-34　2 号体外预应力筋(束)模拟布置图(尺寸单位:cm)

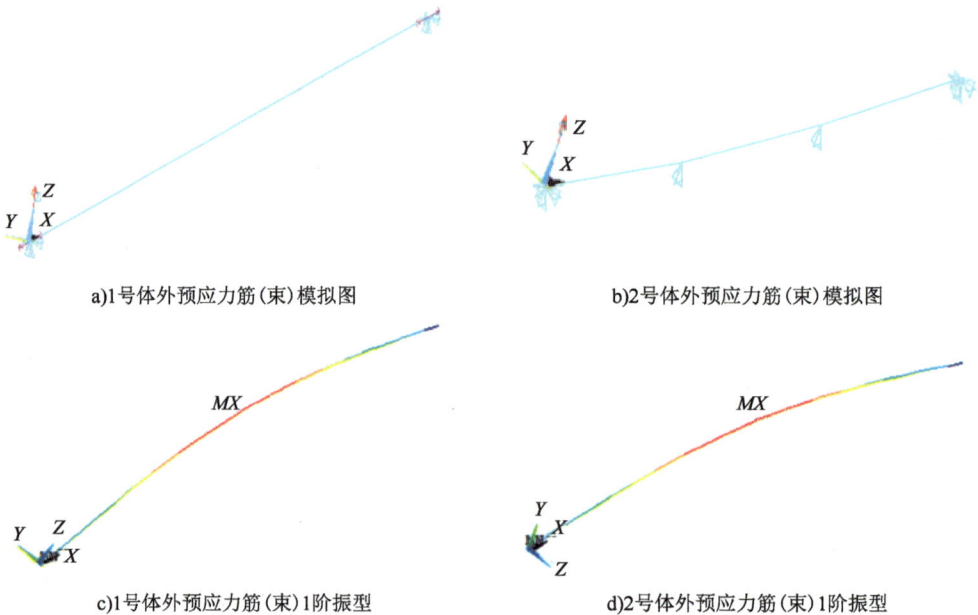

a)1 号体外预应力筋(束)模拟图　　　　　　b)2 号体外预应力筋(束)模拟图

c)1 号体外预应力筋(束)1 阶振型　　　　　　d)2 号体外预应力筋(束)1 阶振型

图 6-35　1 号和 2 号体外预应力筋(束)有限元模拟图

(2)通过有限元模拟求取体外预应力筋(束)的前 10 阶振动自振频率,前 10 阶自振频率指的是体外预应力筋(束)在振动过程中前 10 个最小的非零自振频率,其结果见表 6-16、表 6-17。

模拟1号体外预应力筋(束)90～540kN的自振频率　　　　表6-16

拉力 (kN)	1阶自振 频率(Hz)	2阶自振 频率(Hz)	3阶自振 频率(Hz)	4阶自振 频率(Hz)	5阶自振 频率(Hz)
90	2.4188	4.8379	7.2573	9.6774	12.098
180	3.4207	6.8418	10.2630	13.6860	17.109
270	4.1895	8.3794	12.5700	16.7620	20.955
360	4.8376	9.6757	14.5150	19.3550	24.196
450	5.4086	10.8180	16.2280	21.6390	27.052
540	5.9249	11.8500	17.7770	23.7050	29.635

模拟2号体外预应力筋(束)90～540kN的自振频率　　　　表6-17

拉力 (kN)	1阶自振 频率(Hz)	2阶自振 频率(Hz)	3阶自振 频率(Hz)	4阶自振 频率(Hz)	5阶自振 频率(Hz)
90	2.4938	4.9879	7.4824	9.9776	12.474
180	3.5268	7.0539	10.5820	14.1100	17.640
270	4.3194	8.6393	12.9600	17.2820	21.605
360	4.9877	9.9758	14.9650	19.9550	24.947
450	5.5764	11.1530	16.7310	22.3110	27.892
540	6.1086	12.2180	18.3280	24.4400	30.554

(3)取体外预应力筋(束)前五阶自振频率的模拟结果与试验结果进行对比,相同拉应力条件下取相近值进行比较,确认试验自振频率值所对应的阶数,并检验有限元模型模拟的可靠性和准确度。表6-18～表6-22为直线形体外预应力筋(束)模拟与试验的前5阶自振频率结果对比,表6-23～表6-26为折线形体外预应力筋(束)模拟与试验的2～5阶自振频率结果对比。

直线形体外预应力筋(束)1阶自振频率值对比　　　　表6-18

预应力 (kN)	1阶自振频率值		1阶误差验算
	试验值	模拟值	试验与模拟(%)
90	2.19	2.4188	9.46
180	3.00	3.4207	12.30
270	3.78	4.1895	9.77
360	4.35	4.8376	10.08
450	4.92	5.4086	9.03
540	5.38	5.9249	9.20

直线形体外预应力筋(束)2阶自振频率值对比　　　　表6-19

预应力 (kN)	2阶自振频率值		2阶误差验算
	试验值	模拟值	试验与模拟(%)
90	4.35	4.8379	10.08
180	6.00	6.8418	12.30

预应力 (kN)	2 阶自振频率值		2 阶误差验算
	试验值	模拟值	试验与模拟(%)
270	7.81	8.3794	6.80
360	8.70	9.6757	10.08
450	9.83	10.8180	9.13
540	10.77	11.8500	9.11

直线形体外预应力筋(束)3 阶自振频率值对比   表 6-20

预应力 (kN)	3 阶自振频率值		3 阶误差验算
	试验值	模拟值	试验与模拟(%)
90	6.53	7.2573	10.02
180	9.00	10.2630	12.31
270	11.40	12.5700	9.31
360	13.07	14.5150	9.96
450	14.78	16.2280	8.92
540	16.16	17.7770	9.10

直线形体外预应力筋(束)4 阶自振频率值对比   表 6-21

预应力 (kN)	4 阶自振频率值		4 阶误差验算
	试验值	模拟值	试验与模拟(%)
90	8.73	9.6774	9.79
180	12.00	13.6860	12.32
270	15.20	16.7620	9.32
360	17.42	19.3550	10.00
450	19.73	21.6390	8.82
540	21.64	23.7050	8.71

直线形体外预应力筋(束)5 阶自振频率值对比   表 6-22

预应力 (kN)	5 阶自振频率值		5 阶误差验算
	试验值	模拟值	试验与模拟(%)
90	10.91	12.098	9.82
180	15.00	17.109	12.33
270	18.97	20.955	9.47
360	21.77	24.196	10.03
450	24.60	27.052	9.06
540	26.90	29.635	9.23

折线形体外预应力筋(束)2阶自振频率值对比　　表6-23

预应力 (kN)	2阶自振频率值		2阶误差验算
	试验值	模拟值	试验与模拟(%)
90	4.48	4.9879	10.18
180	7.39	7.0539	4.76
270	7.81	8.6393	9.60
360	9.39	9.9758	5.87
450	10.72	11.1530	3.88
540	11.44	12.2180	6.37

折线形体外预应力筋(束)3阶自振频率值对比　　表6-24

预应力 (kN)	3阶自振频率值		3阶误差验算
	试验值	模拟值	试验与模拟(%)
90	7.81	7.4811	4.40
180	9.85	10.5800	6.90
270	12.12	12.9580	6.47
360	14.25	14.9620	4.76
450	15.59	16.7280	6.80
540	17.09	18.3250	6.74

折线形体外预应力筋(束)4阶自振频率值对比　　表6-25

预应力 (kN)	4阶自振频率值		4阶误差验算
	试验值	模拟值	试验与模拟(%)
90	9.02	9.9776	9.37
180	12.88	14.1100	8.32
270	16.47	17.2820	3.75
360	19.13	19.9550	3.14
450	20.48	22.3110	7.71
540	23.86	24.4400	1.28

折线形体外预应力筋(束)5阶自振频率值对比　　表6-26

预应力 (kN)	5阶自振频率值		5阶误差验算
	试验值	模拟值	试验与模拟(%)
90	13.10	12.474	4.78
180	17.22	17.640	2.44
270	21.35	21.605	1.19
360	23.72	24.947	5.17

预应力 （kN）	5阶自振频率值		5阶误差验算
	试验值	模拟值	试验与模拟（%）
450	27.79	27.892	0.37
540	29.63	30.554	3.12

模拟与试验得到的结果相对一致，且误差均在10%左右，表明体外预应力筋（束）的自振频率与索力之间呈现出较为稳定的关系。同时，通过模拟的方法得到的结果与试验结果吻合度较高，证明了模拟的可靠性和准确性。因此，可采用模拟的方法来分析体外预应力筋（束）的自振频率。

6.6　本章小结

本章通过具体的工程案例，展示了Т形梁桥体外预应力加固技术和监测预警系统在实际工程中的应用。案例分析涵盖了项目背景、桥梁概况、设计方案、试验室理论试验以及现场实施效果。

通过这些工程实例，读者可以直观了解加固设计和监测预警系统在桥梁工程中的应用效果，以及其在提升桥梁结构性能和保障安全运营中的重要作用。希望此案例能够为桥梁工程技术人员提供一些实践经验和参考。

第7章

结论与展望

7.1 研究总结

本书深刻剖析了T形梁桥在当代桥梁工程领域的核心地位及其所面临的诸多挑战,聚焦体外预应力加固技术和监测预警系统的创新应用。基于结构设计的理论基础,本书详尽地论述了T形梁桥体外预应力加固的核心理念、实施策略及施工技术细节,并对监测预警系统的构建流程与核心要素进行了全方位的剖析。

本书开篇概述了T形梁桥的基本构造特征及其受力机制,重点分析了其在长期服役中易出现的典型病害,如裂缝、钢筋锈蚀及混凝土劣化等,这些病害对桥梁结构的安全构成了严重威胁。针对这些病害,引入了体外预应力加固技术,这是一种通过在梁体外部增设预应力钢筋或钢绞线,有效提升桥梁承载能力和刚度的先进手段。

在加固设计层面,本书不仅深入探讨了加固材料的选择原则、加固方式的优化策略及施工细节的控制要点,还着重强调了加固前对既有结构性能的全面评估以及加固效果的精准预测。通过引入实际工程案例,本书生动展示了体外预应力加固技术在各类T形梁桥中的成功应用,充分验证了其在提升桥梁结构性能方面的卓越成效。

监测预警系统的构建与应用是本书的另一核心内容。随着桥梁使用年限的不断延长及交通荷载的持续增加,对桥梁结构实施实时监测与预警变得越发关键。本书详尽阐述了监测系统的核心组成,包括传感器的科学布置、数据采集与传输技术的创新应用以及数据分析与处理方法的优化升级。借助监测系统,可以实时把握桥梁结构的运行状态,及时发现并预警结构损伤及异常情况,为桥梁的养护与管理提供强有力的科学支撑。

此外,本书还深入探讨了监测预警系统的智能化发展趋势。随着信息技术的迅猛发展,智能化监测技术已成为桥梁养护领域的新风尚。编者提出,应构建一种融合物联网、大数据、人工智能等前沿技术的智能监测预警系统,该系统能够实现对桥梁结构的全面感知、智能分析与精准预警,显著提升监测效率与准确性。

综上所述,《T形梁桥体外预应力加固设计及监测预警系统技术》一书旨在为桥梁工程技术人员提供一本内容翔实、体系完备的参考书。本书不仅全面覆盖了T形梁桥体外预应力加固的设计理念与实施方法,还深入介绍了监测预警系统的构建流程与实施细节,对于提升桥梁结构的安全性与耐久性具有重要的实践指导意义。随着相关技术的持续革新,我们有理由相信,T形梁桥的养护工作将朝着更加智能化、自动化的方向发展,为桥梁的安全运营与可持续发展奠定坚实基础。

7.2　存在问题与不足

本书在系统论述T形梁桥体外预应力加固技术和监测预警系统的同时,也为读者提供了丰富的理论知识和实践经验。然而,任何学术著作都难以面面俱到,本书也在某些方面存在一些不足之处:

首先,尽管书中对体外预应力加固技术和监测预警系统进行了详细的论述,但对于不同地理环境和气候条件下的适应性分析有待深入研究。桥梁所处的自然环境复杂多变,同一技术在不同环境中可能面临不同的挑战。因此,后续宜进一步探讨如何根据环境特性调整加固设计与监测策略,使内容更具实际指导价值。

其次,书中虽探讨了智能化监测预警系统的构建,但在智能技术具体操作与应用方面的阐述仍略显抽象,缺乏更详细的操作指南与技术细节。随着智能技术的发展,书中宜新增有关智能算法、数据分析方法及人工智能在监测预警系统中的具体应用案例。

再次,尽管书中提供了多个成功的工程实例,但在案例分析部分,对加固与监测过程中可能出现的难题、挑战以及应对策略的探讨仍不够充分。桥梁工程的实际操作常伴随不可预见的复杂情况,若书中增加对这些情况的深入分析,将帮助读者更全面地理解及应对实际工程中的多样化挑战。

最后,从桥梁全生命周期管理的宏观视角来看,本书对监测预警系统与桥梁养护、资产管理、长期规划结合的讨论还不够全面。桥梁的养护与管理是一个系统性的长期过程,书中应当就此提供更加深入的分析与建议。

总体而言,本书在T形梁桥体外预应力加固设计与监测预警系统应用方面提供了宝贵的知识资源,但在环境适应性、智能化技术应用、案例分析深度与全生命周期管理等方面仍有提升空间。期待未来能结合更多实践,深化研究,完善内容,为从业者提供更全面的指导。

7.3　未来发展展望

本书基于实际项目,为读者提供了全面了解T形梁桥加固和监测技术的视角。尽管某些细节尚有提升空间,但书中所涵盖的理论与实践知识,无疑能为桥梁工程领域的发展奠定坚实的基础。在此基础上,对该类技术的发展趋势和研究方向进行展望显得尤为重要。

随着新型材料的不断涌现,未来T形梁桥的体外预应力加固技术将更加多样化、高效化。例如,高性能纤维复合材料(FRP)的使用将为桥梁加固提供更轻质、高强的选择,既能提高加固效率,还能延长桥梁的使用寿命,为保障桥梁结构的长期安全性提供支持。

智能化监测技术的发展也将为桥梁安全提供更加可靠的保障。而集成了物联网、大数据和人工智能的智能监测系统将实现更精准的数据采集、分析与预警,从而提高桥梁结构健康评估的准确性和响应速度,为桥梁运维带来更高效的解决方案。

随着可持续发展理念的不断普及,绿色桥梁设计和养护技术将成为未来研究的热点。相关绿色举措包括使用环保材料、节能技术以及生态友好的施工方法,旨在实现桥梁工程的经济、社会和环境效益的和谐统一,为未来桥梁的长效运维提供新思路。

可以预见的是,桥梁全生命周期管理理念将更加深入人心。未来的研究将更加注重从设计、施工到养护、拆除的全生命周期管理,通过建立完善的数据库和评估体系,实现对桥梁健康状况的持续跟踪和有效管理。

随着城市化进程的加快,城市桥梁的复杂性和多样性将不断提高。这要求未来的研究不仅需要关注桥梁本身的结构性能,还需要考量桥梁与周围环境的协调性,以及对城市交通、经济和文化的影响。

总之,T形梁桥体外预应力加固技术和监测预警系统的研究与应用正朝着更加智能化、绿色化、系统化的方向发展。未来的研究将更加注重技术创新与集成,以及对桥梁全生命周期的综合管理,以满足不断变化的社会需求,应对诸多环境挑战。通过不断的技术进步与创新,我们有理由相信,T形梁桥的加固与监测技术将为桥梁工程的可持续发展作出更大贡献。

7.4　结语

本书的完成,寄托着我们分享知识、经验与洞见的初衷,期望能为桥梁工程领域的专业人士、学者与学生在T形梁桥体外预应力加固及监测预警技术的探索与应用中,提供切实的助益与启发。谨此,向每一位读者致以最诚挚的谢意。

感谢您选择本书,与我们一同探索桥梁加固与监测的奥秘。您的信任和支持是我们不断前行的动力。我们深知,没有您的陪伴,本书的研究成果和知识分享将无法触及更广泛的领域,激发更多的思考和讨论。

我们也要向那些在桥梁工程领域默默奉献的工程师、技术人员和研究人员致敬:正是他们的辛勤工作和不懈追求,推动了桥梁技术的进步和创新。我们希望本书能够成为连接理论与实践、经验与创新的桥梁,为行业同仁提供一些参考。

衷心感谢所有参与本书编著、审校和出版工作的同事。他们的专业精神与辛勤付出确保了本书的质量和完整。

最后，我们热忱期待您的反馈和建议。相信通过持续的交流和分享，我们可以共同推动行业进步。愿本书不仅是知识的载体，更是我们共同成长的见证。再次感谢您的阅读，祝愿您在桥梁工程的道路上，不断精进，成就斐然。

参 考 文 献

[1] 王凌波,王秋玲,朱钊,等.桥梁健康监测技术研究现状及展望[J].中国公路学报,2021,34(12):25-45.

[2] 李庭波.索力测试频率法的研究及其工程应用[D].长沙:长沙理工大学,2007.

[3] 贺拴海,王安华,朱钊,等.公路桥梁智能检测技术研究进展[J].中国公路学报,2021,34(12):12-24.

[4] 刘金荣.既有桥梁评估方法及应用研究[D].成都:西南交通大学,2009.

[5] 夏叶飞.预应力混凝土简支T梁桥的承载能力实桥试验分析研究[D].南京:东南大学,2007.

[6] 刘碧慧.马桑溪长江大桥拉索索力远程自动实时监测技术研究[D].重庆:重庆大学,2005.

[7] 安兆静.装配式无粘结预应力混凝土连续梁的受力性能有限元分析[D].合肥:合肥工业大学,2006.

[8] 陈健.山区低等级公路桥梁维护管理系统的应用研究[D].重庆:重庆交通大学,2011.

[9] 林贤坤.梁式桥梁有限元模型建立与修正及在状态评估中的应用研究[D].南京:南京航空航天大学,2009.

[10] 秦思杨.基于时间序列技术的中小桥梁监测数据分析技术研究[D].重庆:重庆交通大学,2015.

[11] 刘仲达.在役混凝土桥承载能力及可靠度的分析与研究[D].南京:南京理工大学,2008.

[12] 曹洪.基于振动频率法的体外预应力索力自动监测系统研究[D].重庆:重庆交通大学,2013.

[13] 杜洪涛.洪奇门特大桥造型设计[J].世界桥梁,2020,48(4):6-10.

[14] 王柳.市政公路桥梁结构加固设计原则及方法分析[J].交通世界,2020(28):101-102,108.

[15] 邱兴华.桥梁养护与维修加固技术研究[J].交通世界,2016(35):92-93.

[16] 袁卫锁,张颖达.大跨径波形钢腹板部分斜拉桥健康监测位点和预警阈值研究[J].河南科学,2022,40(6):948-955.

[17] 吴志昌.公路桥梁施工中体外预应力加固技术[J].中国公路,2021(11):166-167.

[18] 赵文刚.体外预应力技术在连续梁加固施工中的应用[J].交通世界,2022(28):110-112.

[19] 占上锋,王宇.桥梁养护维修与加固技术[J].建材与装饰,2019(16):249-250.

[20] 李子兵,程华才,杨晓明.桥梁重要病害的跟踪监测与分析方法探究[J].中国交通信息化,2020(10):132-134.

[21] 江祥林,易汉斌,俞博.体外预应力加固桥梁技术与工程实例[M].北京:人民交通出版社,2012.

[22] 张劲泉,王文涛.桥梁检测与加固手册(上、下)[M].北京:人民交通出版社,2007.

[23] 姚国文.桥梁检测与加固技术[M].北京:人民交通出版社股份有限公司,2014.

[24] 杨俊杰.混凝土结构设计原理[M].北京:科学出版社,2007.

[25] 魏洋,端茂军,李国芬.桥梁检测评定与加固技术[M].北京:人民交通出版社股份有限公司,2019.

[26] 胡建新,温茂彩,龙芳玲.桥梁工程施工与加固改造技术[M].武汉:华中科技大学出版社,2021.

[27] 李强兴.拉索基本理论及应用[M].武汉:武汉大学出版社,2016.

[28] 卡埃塔诺.斜拉桥的拉索振动与控制[M].张德洋,译.北京:中国建筑工业出版社,2011.

[29] 邬晓光,白青侠,雷自学.公路桥梁结构加固设计规范应用计算示例[M].北京:人民交通出版社,2011.

[30] 交通运输部公路科学研究院.公路桥梁加固改造技术指南[M].北京:人民交通出版社股份有限公司,2019.

[31] 中华人民共和国交通运输部.公路桥梁加固设计规范:JTG/T J22—2008[S].北京:人民交通出版社,2008.

[32] 中国公路学会.公路混凝土桥梁体外预应力加固技术指南:T/CHTS 10015-2019[S].北京:人民交通出版社股份有限公司,2019.

[33] 山西省市场监督管理局.装配式梁桥体外预应力加固技术指南:DB14/T 2917—2023[S].北京:中国标准出版社,2023.

[34] 中华人民共和国交通运输部.公路桥梁结构监测技术规范:JT/T 1037—2022[S].北京:人民交通出版社,2022.